COLEÇÃO
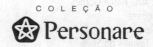

CECI AKAMATSU

# PARA QUE O AMOR ACONTEÇA

**Deixe as ilusões de lado e transforme sua vida afetiva**

4ª edição

Rio de Janeiro-RJ / Campinas-SP, 2012

**Editora:** Raïssa Castro
**Coordenadora Editorial:** Ana Paula Gomes
**Copidesque:** Ana Paula Gomes
**Revisão:** Maria Lúcia A. Maier
**Projeto Gráfico:** André S. Tavares da Silva
**Capa:** Daniel Durão
**Ilustrações:** Paulo Cunha
**Edição Personare:** Luciana Ramalho
**Imagens:** iStockphoto

Copyright © Verus Editora, 2011

ISBN: 978-85-7686-143-0

Direitos reservados em língua portuguesa, no Brasil, por Verus Editora.
Nenhuma parte desta obra pode ser reproduzida ou transmitida por qualquer forma e/ou quaisquer meios (eletrônico ou mecânico, incluindo fotocópia e gravação) ou arquivada em qualquer sistema ou banco de dados sem permissão escrita da editora.

**Verus Editora Ltda.** Rua Benedicto Aristides Ribeiro, 55, Jd. Santa Genebra II, Campinas/SP, 13084-753 | Fone/Fax: (19) 3249-0001 | www.veruseditora.com.br

CIP-BRASIL. CATALOGAÇÃO NA FONTE
SINDICATO NACIONAL DOS EDITORES DE LIVROS, RJ

A264p

Akamatsu, Ceci, 1977-
Para que o amor aconteça : deixe as ilusões de lado e transforme sua vida afetiva / Ceci Akamatsu. - 4.ed. - Campinas, SP : Verus, 2012.
il. ; 21 cm

ISBN 978-85-7686-143-0

1. Relação homem-mulher. 2. Amor - Aspectos psicológicos. 3. Mulheres - Psicologia. I. Título.

11-4399
CDD: 305.7
CDU: 392.6

Revisado conforme o novo acordo ortográfico

*Dedico este livro ao Caminho do Amor*

# AGRADECIMENTOS

Escrever este livro foi também um mergulho em minhas próprias emoções, sentimentos, padrões e bloqueios. Foi preciso mergulhar dentro de mim e trabalhar a harmonização de questões profundas. Portanto, agradeço imensamente por esta oportunidade e a todos que participaram desse processo, ajudando a construir este livro.

Minha mais profunda gratidão:

A Joanita Molina, Silvio Molina, Ideny Pavão e Joshua David Stone, por serem minhas grandes fontes inspiradoras e criativas. Gratidão por todos os ensinamentos, orientações e por todo o amor de cada um de vocês – que me possibilitou estar aqui, cumprindo um dos meus importantes propósitos de vida! A todos os mestres que me orientam e guiam, gratidão por todo o auxílio e orientação.

À Verus Editora e ao Personare, especialmente a Raïssa Castro, Carolina Senna, Bruno Rodrigues e Daniel Durão, por acreditarem e apostarem neste trabalho. A Luciana Ramalho e Ana Paula Gomes, por todo o carinho ao editarem este livro. E ressalto minha gratidão, Luciana, por poder compartilhar tantos aprendizados durante o processo de elaboração. A cada membro da equipe Personare – Joana Brazil, Paulo Cunha, Bruno Durão, Daniele Gonçalves, Fernanda Pereira, Davidson Manhães, Eduardo Luz, Raffael Tancman, Leonardo Balter, Marcia Lanzarini e Armando Souza – pelo carinho em cada imagem, em cada palavra do Fórum e em todo o trabalho dedicado ao livro.

Às autoras das histórias que fazem parte deste livro, Ana Carolina, Aline, Mara e Maria Izabel, a quem parabenizo pela superação pessoal de cada uma. Que toda a energia positiva que vocês criaram em suas experiências possa ser difundida por meio deste livro. A cada um de vocês que escreveram suas histórias no Fórum de Histórias Reais do Personare, ajudando a si mesmos, a outras pessoas e a mim, em nossos processos de harmonização e desenvolvimento pessoal.

A todos os meus clientes, por estarem aqui presentes através de suas experiências.

Aos meus pais, Keizo e Alice Akamatsu, e às minhas irmãs, Clarice e Cinthia Akamatsu, pelo apoio incondicional sempre.

Aos queridos casais Alessandra Navarro e Julio Mauro, Carolina Senna e Bruno Rodrigues, Cintia Scafutto e Sanddro Olyveira, Fernanda e Rodrigo Vaz, Thaty Magnavita e Anderson Novaes, Viviane e Guilherme Hashimoto, por me inspirarem com suas próprias experiências e pelo apoio e compreensão com minhas ausências durante o período em que me dediquei a este trabalho. Gratidão pelo carinho em todos os momentos. À minha linda afilhada, Clarinha, a quem peço perdão por não poder estar mais presente ao longo de seu primeiro ano de vida.

À minha madrinha de coração, Yoshiko Branco, a João Branco e Daniel Branco, Vanessa Dias, Stella Woch e Adelia Maria, por toda a amizade, suporte, carinho e acolhimento em São Paulo. A Lu Branco, Dani Cavalcanti e Renata Fassarela, pelos sinais positivos. A Tadeu Silveira, Graça Palermo, Caetano Mauro, Graziela Barros, Nando Gomes, Ruth Dysman, Fernanda Zillioti e Roberta Fortaleza, pelo carinho e incentivo. A todos do Adonai, pela energia maravilhosa de amizade e sustentação! A Eva, Elizete e Brasilina, por auxiliarem em casa, sempre com tanto carinho. A Rodrigo Iorio, por ajudar a manter a harmonia e estimular minha intuição com a ioga. A todos cujo nome não preciso citar, mas que sabem que estão aqui também.

Agradeço especialmente, com todo meu amor, força e harmonia, a você que está lendo este livro, a quem ele é dedicado, por ter a coragem de dar este passo em seu caminho de autoconhecimento.

Pela energia de cada um de vocês, eu agradeço, agradeço e agradeço!

# SUMÁRIO

Prefácio ............................................................................. 11

Introdução ......................................................................... 15

**1** Por que o amor é tão difícil? ......................................... 19

**2** Como deixar o orgulho e os medos de lado ................. 44

**3** Como identificar o Eu Machucado ............................... 70

**4** Como lidar com a traição? ............................................ 87

**5** Devo investir ou terminar meu relacionamento? .......... 127

**6** Por que não aguento ficar só? ...................................... 168

**7** Harmonize sua vida afetiva .......................................... 209

# PREFÁCIO

Desde que lançamos o *site* Personare, em 2004, tínhamos um objetivo em mente: transformar positivamente a vida das pessoas. Na época, observando a sociedade, percebemos grandes mudanças de paradigmas estabelecidos há gerações: a diluição da instituição da família nos moldes tradicionais, novos padrões se estabelecendo nas relações de trabalho, o estresse se tornando uma espécie de epidemia e, é claro, as relações amorosas perdendo alguns rótulos e ganhando tantos outros. Um cenário que torna a vida cotidiana um tanto quanto desafiadora, para não dizer até desgastante.

Bem disseram os Beatles: "All you need is love". E realmente não podemos negar que, na busca por uma vida melhor, o amor tem um papel fundamental. Estejamos solteiros, casados ou enrolados, todos buscamos um jeitinho de fazer as pazes com nosso "estado civil". De alguma forma, procuramos aceitar e viver em paz com as relações amorosas que experimentamos, encontrando um caminho que nos faça bem, não importando o rótulo ou o nome que ele tenha.

Por meio da internet, hoje o Personare leva ao público conteúdo e serviços personalizados nas mais diversas áreas da vida. Estimulamos o autoconhecimento – utilizando estudos como a astrologia e a numerologia – e o bem-estar, com matérias sobre terapias alternativas, práticas de integração corpo e mente e tudo que possa auxiliar as pessoas a praticarem o bem viver no dia a dia. Ao longo dos anos, descobrimos, no contato com as pessoas que visitam o *site*, que o amor é um pilar fundamental dessa missão de inspirar mais qualidade de vida. Sendo assim, quando a Verus nos convidou para este projeto fantástico de criar uma coleção de livros Personare, a escolha do tema do primeiro título foi mais que óbvia.

Simples também foi a decisão de convidar a terapeuta Ceci Akamatsu para escrever este livro. Autora dos textos sobre amor mais lidos do *site*, ela é capaz de nos mostrar novos ângulos sobre o tema e abrir nossos olhos para aprendizados que podem, de fato, transformar nossas experiências afetivas.

Quando ouso dizer que este é um projeto fantástico, me refiro ao fato de este livro ser a integração entre o melhor que o universo *online* oferece e toda a profundidade e a oportunidade de reflexão que os livros nos trazem.

Para elaborar esta obra, criamos um fórum no Personare em que as pessoas podiam relatar livremente histórias reais que vivenciaram no amor. Encontros e desencontros, dores e amores, situações engraçadas, desabafos... Ali encontramos de tudo um pouco. Um espaço democrático, no qual os próprios internautas escolheram, através de votos e comentários, as cinquenta histórias com as quais mais se identificavam, aquelas mais representativas das experiências que passaram em sua própria vida. E, entre as mais populares, escolhemos, junto com a autora, Ceci Akamatsu, as quatro histórias que entrariam nesta obra. Portanto, em sua leitura você encontrará debates sobre temas presentes na vida das mais de duzentas mil pessoas que acessaram o Fórum Personare e, como você, vivem desafios em seu dia a dia amoroso.

*Para que o amor aconteça* traz a oportunidade de refletir sobre as ilusões e padrões de comportamento que tanto nos impedem de viver em equilíbrio. E, como toda centelha para a transformação real, o livro não fará o trabalho sozinho. Para mudar sua vida, precisamos de você. Da sua dedicação à leitura e às reflexões que a Ceci estimula ao longo da obra, ou seja, do seu compromisso com você mesmo.

Para ajudar nesse caminho, o livro não termina aqui. No fim de cada capítulo, indicaremos um conteúdo adicional que oferecemos no *site* Personare, em que haverá exercícios guiados pela autora, entrevista com as personagens das histórias e outros relatos reais que podem inspirar sua leitura. E, é claro, se quiser, você também pode contar sua história no Fórum Personare e trocar experiências com a nossa equipe e com os novos amigos que certamente fará nesse espaço.

Boa jornada!

*Carolina Senna*
*Diretora do Personare*

# INTRODUÇÃO

"O que preciso fazer para a minha vida amorosa dar certo?" Essa é uma pergunta muito comum nos dias de hoje. Se alguma vez você já questionou por que seus relacionamentos afetivos não são exatamente como gostaria, este livro está nas mãos certas.

Nossa tendência é projetar o problema no parceiro: o outro faz isso, fala aquilo, age de tal maneira. Ou então culpar a falta de sorte: nada dá certo para mim... Poucas vezes voltamos o foco para dentro de nós, para investigar que comportamentos podem estar contribuindo para que nossa vida amorosa não dê certo.

Tudo que fazemos na vida são escolhas. Vivenciamos diariamente os resultados de nossas decisões, que podem ser conscientes ou inconscientes. Quando percebemos o que fazemos, fica mais fácil mudar, mas e quando as escolhas são inconscientes?

Ao longo deste livro, você vai acompanhar as histórias reais de diferentes mulheres e as escolhas que elas fizeram em sua vida afetiva. Esses relatos foram selecionados entre mais de oitocentos textos postados no Fórum de Histórias Reais do Personare entre setembro e novembro de 2010. Ao acompanhar essas histórias de vida, você poderá notar alguns pontos em comum e se identificar com as trajetórias dessas pessoas, percebendo que por trás de cada uma das histórias existe uma dimensão que passava despercebida.

Este livro está dividido em sete capítulos, sendo os três primeiros de caráter mais informativo. Eles vão proporcionar entendimentos essenciais para a compreensão dos capítulos seguintes e devem ser lidos com calma e atenção. Os capítulos 4, 5 e 6 trazem algumas das situações mais abordadas nas histórias de vida postadas no Fórum Personare e exemplificam de forma prática as dinâmicas e conhecimentos abordados nos primeiros capítulos. O capítulo 7 busca aprofundar a elucidação sobre o processo de harmonização das reais causas dos problemas amorosos, para que possamos prosseguir de maneira mais consciente em nosso próprio caminho da vida afetiva.

É importante lembrar que o objetivo deste livro não é trazer conceitos, respostas e explicações absolutas, mas compartilhar uma visão diferente, que vem auxiliando diversas pessoas, inclusive eu, a se transformar e viver com mais leveza. Não existe uma fórmula que funcione para todos. Não existe uma verdade compartilhada exatamente da mesma maneira por todos.

Mas existem aprendizados que podemos tirar de cada um dos fragmentos de realidade, que nos chegam de diversas formas, a todo instante. Portanto, espero que de algum modo esta obra possa enriquecer sua percepção e vivência da realidade, auxiliando-o a identificar padrões emocionais, mentais e espirituais que atrapalham sua vida afetiva, a aceitá-los e transformá-los, e que assim você encontre sua verdade interior!

Convido você a abrir mão do drama e do sofrimento, para viver o amor em toda sua simplicidade e plenitude, mesmo em seus aspectos mais difíceis. Para isso, ao longo da leitura, procure estar aberto ao conteúdo apresentado. Aviso de antemão que alguns trechos podem causar sentimentos mais intensos, sejam de tristeza, raiva, irritação e até vontade de parar de ler. Mas, apesar de contraditório, isso é um bom sinal, pois indica que você está no caminho da harmonização. Evoco sua perseverança, paciência e neutralidade. Convido você a treinar seu não julgamento e, após completar a leitura, aí sim criar uma visão crítica e testar em sua vida prática os conhecimentos aqui apresentados, para perceber se eles são úteis para você.

Podemos deixar que nossas interações na vida afetiva sejam passivamente determinadas por nossos desequilíbrios. Ou podemos aprender a identificá-los e moldá-los de forma positiva, tornando-nos agentes de equilíbrio em nossos relacionamentos. Qual a sua escolha?

# 1
# POR QUE O AMOR É TÃO DIFÍCIL?

*E*nquanto cursava a faculdade de jornalismo, Ana Carolina conheceu um rapaz que ela definiu como "o cara mais gente boa que pode existir". Eles tinham tantas afinidades que eram considerados por todos uma dupla perfeita, o típico "casal 20". Não foi surpresa para ninguém quando decidiram se casar, cinco anos depois. Mas todos os sonhos em comum acabaram quando estavam prestes a comemorar nove anos de casados. A surpresa foi geral: familiares e amigos não queriam acreditar na separação. De um dia para o outro, o apartamento deles estava quase vazio. Ele tirou rapidamente diversos objetos de casa e fez questão de levar CDs, quadros, talheres, louças, lençóis, toalhas de banho. E não voltou mais.

Em momentos como este, nos perguntamos: Por que o amor é tão difícil? Assim como Ana Carolina, homens e mulheres de diversas idades, localidades e classes sociais já passaram por situações que os levaram a questionar por que sua vida afetiva não dava certo. E você, quantas vezes já se fez essa pergunta?

Se estamos sozinhos, questionamos por que é tão difícil conseguir um par romântico e estabelecer um relacionamento estável. Se estamos em uma relação, temos mil reclamações sobre o parceiro e nos queixamos sobre como é complicado viver a dois. Já reparou como todos têm sempre alguma questão sobre a vida afetiva? Não importa se estamos sozinhos ou com alguém, o amor parece ser como uma miragem, que nós enxergamos, mas não conseguimos alcançar. E, quando parece que finalmente encontramos a felicidade amorosa, a convivência pode se tornar extremamente complexa ou esfriar, uma traição pode acontecer ou até mesmo um fim doloroso. Ao longo deste livro, você poderá acompanhar situações como essas nas histórias reais da promotora de vendas Mara, de Ribeirão Preto; da psicóloga Aline, de Goiânia; da publicitária Maria Izabel, de Santos; e na continuidade das experiências da própria Ana Carolina, que é jornalista e mora no Rio de Janeiro.

Como entender que pessoas interessantes, bem-sucedidas e simpáticas tenham tanta dificuldade em encontrar um parceiro? Ou por que algumas atraem repetidamente parceiros e relacionamentos problemáticos? Por que é tão complicada a convivência com a pessoa amada? Mais doloroso ainda é passar por situações drásticas, como sofrer uma traição ou ser a terceira pessoa de um triângulo amoroso. É muito frustrante não conseguir entender ou encontrar uma solução para fazer de nossa situação amorosa algo mais harmonioso. Bate um sentimento de impotência, medo e cansaço diante de tantas experiências negativas, muitas vezes até traumáticas. Às vezes resta apenas a pergunta: "O que há de errado comigo e como posso ser feliz no amor?"

Depois de muitas interrogações e questionamentos, mas nenhuma resposta, começamos a achar que simplesmente não temos sorte no amor. Revoltados diante dos acontecimentos, acabamos desistindo e simplesmente passamos a esperar por um milagre. Alimentamos a esperança, ainda que não de maneira assumida, de que aparecerá a pessoa em nossa vida que nos mostrará o que é "ser feliz para sempre no amor". Ou então de que nosso parceiro simplesmente acordará diferente e o relacionamento finalmente será do jeito que sempre sonhamos. Não há nada de errado em contar com a "sorte" ou esperar por um "milagre". Mas precisamos estar cientes de que somos nós mesmos que criamos as condições para o nosso futuro.

Muitas vezes esquecemos que, por trás da sorte ou do milagre, há uma razão, uma maneira de fazer com que eles aconteçam. Porém, pelo simples fato de não encontrarmos uma explicação para eles, classificamos esses eventos como frutos do acaso.

Podemos simplesmente entregar nossa felicidade à sorte e esperar que, quem sabe, algo positivo aconteça e transforme nossa vida romântica. Mas podemos também escolher trabalhar para que os milagres se tornem realidade e para que nossa vida afetiva seja cada vez mais harmoniosa. O primeiro passo para isso é perceber o que está por trás de nossa realidade.

### O que não estamos percebendo?

Nem tudo que acontece é só da maneira que aparenta. O que observamos nas situações a nossa volta é apenas uma fração do que vivenciamos. A forma como enxergamos a vida representa somente uma parte daquilo que efetivamente acontece.

Não conseguimos encontrar explicação para nossas dificuldades no amor ou as maneiras de ter mais sorte na vida afetiva porque muita coisa acontece em um nível que acaba sendo ignorado por nós. Geralmente ficamos atentos ao que podemos ver, entender, resolver. Somos educados e condicionados para focar o que acontece a nossa volta. Hoje, por exemplo, a tecnologia nos permite saber o que ocorre em todos os cantos do mundo, porém não somos capazes de conhecer algo bem mais básico: o que se passa dentro de nós.

Acabamos esquecendo que, antes de sermos um corpo físico interagindo com o mundo exterior, somos também o conjunto de todos os nossos sentimentos, pensamentos, percepções, memórias (conscientes e inconscientes), características de personalidade. Cada pessoa é um conjunto único; ninguém tem exatamente a mesma composição que outra pessoa. Cada um foi gerado em um momento, dentro de uma mãe. Mesmo os gêmeos têm individualidades diferentes e, ainda que vivam muitas experiências em comum, nunca serão exatamente iguais. Cada um vai ter sua maneira de sentir, pensar, suas experiências e impressões de vida individuais.

Somos, então, mais do que o ser físico que enxergamos. Nosso ser é composto por um conjunto que engloba, além do corpo, tudo que se passa de não físico junto dele, que aqui vamos chamar de corpos emocional, mental e espiritual. Esses níveis sutis são contínuos e fluidos, não possuem limites definidos como o corpo físico, mas, para facilitar o entendimento, estabelecemos algumas divisões:

- O nível emocional está relacionado a tudo que se refere às nossas emoções e sentimentos, inclusive as memórias emocionais.
- O nível mental é mais voltado aos pensamentos e ideias, não só aqueles que acessamos de forma consciente, mas também os inconscientes. Incluem-se aqui, ainda, as memórias.
- O nível espiritual envolve a espiritualidade inerente a cada ser humano. A espiritualidade à qual me refiro aqui independe de religião ou igreja. É inata ao ser humano, tanto quanto as emoções e os pensamentos. A espiritualidade é mais ampla que todas as religiões, que representam apenas possíveis caminhos para trabalharmos essa dimensão. O corpo espiritual representa nosso aspecto mais sutil e menos ligado ao nível físico, enquanto os outros dois estão mais próximos.

A partir deste momento, utilizarei o termo "sutil" para me referir a tudo que se relaciona a esses níveis não materiais. Eles funcionam de forma diferente do nível físico, pois são muito mais rápidos, ágeis, abstratos, fluidos. Logo, não podemos lidar com os pensamentos ou sentimentos da mesma maneira como lidamos com o corpo físico. Afinal, eles apresentam características muito diferentes.

Ainda que invisíveis, nossas interações sutis são mais amplas que as interações físicas. Podemos nos comparar a um *iceberg*. A realidade física representaria a ponta do *iceberg*, ou seja, a parte visível de nossas experiências, enquanto os aspectos e interações sutis representariam todo o resto do bloco, submerso na água e invisível aos olhos.

Nossas interações uns com os outros e com tudo a nossa volta acontecem em todos os níveis, apesar de só conseguirmos perceber com mais clareza aquilo que se manifesta fisicamente. Captamos de forma consciente e bem direta a fisionomia, os gestos, as palavras das pessoas. Mas nossa interação vai bem além disso.

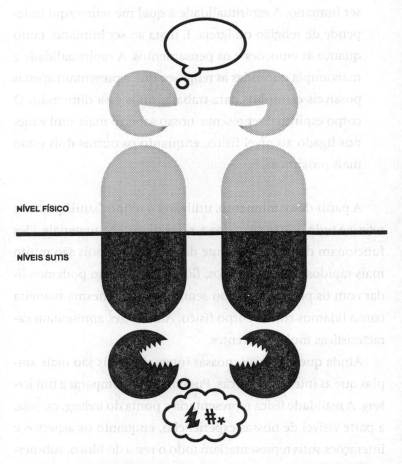

**NÍVEL FÍSICO**

**NÍVEIS SUTIS**

A interação nos níveis sutis nem sempre é o que aparenta no nível físico.

Já aconteceu de você entrar em um lugar lindo, mas sentir-se mal, como se houvesse algo estranho, e depois descobrir que, logo antes de você chegar, alguém deprimido ou raivoso acabara de sair dali? Ainda que fisicamente a pessoa não esteja mais lá, de alguma forma a interação dela com o meio afeta você. Outra situação: você conhece uma pessoa que teria tudo para despertar seu interesse, mas pensa: "Apesar de bonita e simpática, essa pessoa não me atrai... Até me dá uma vontade de me afastar..." No nível físico, a interação se dá de forma aparentemente harmoniosa, mas, nos níveis sutis, talvez aquela pessoa estivesse tentando conquistar você e testar o próprio charme, interagindo em um nível mental inconsciente, a partir de suas inseguranças: "Eu tenho muito charme e carisma. Essa pessoa vai se interessar por mim, afinal eu sou muito interessante!" Isso não quer dizer que temos de ficar com medo das pessoas e julgá-las por esses sentimentos, pois, na maior parte das vezes, isso acontece como um pensamento de fundo, inconsciente, que nem a própria pessoa percebe ou controla. Muitas vezes até nós mesmos fazemos isso! Não por maldade, mas porque nossa parte insegura precisa da validação de outras pessoas.

Esses são pequenos exemplos que indicam que nossas interações são mais complexas do que julgamos. Enquanto no nível físico tudo parece estar bem, em nossos pensamentos e sentimentos a situação pode ser exatamente oposta.

Queiramos ou não, interagimos com as pessoas, situações e ambientes em todos esses níveis. Mesmo quando não percebemos essas interações sutis acontecendo, muitas vezes podemos senti-las. Afinal, temos tipos de capacidades específicas para lidar com nossas duas dimensões, física e sutil. A realidade material exige respostas rápidas, agilidade, mente racional. Precisamos de capacidades como identificar, classificar, definir limites, contar o tempo, trabalhar, organizar a vida e dar um caráter linear às nossas atividades. Já a habilidade de lidar com aspectos sutis funciona de forma mais complexa e menos objetiva, utilizando mais as capacidades de sentir e intuir do que o pensar e o fazer. Ela acessa informações de forma abstrata, chegando a níveis de percepção mais amplos do que nossos sentidos físicos.

Sabe quando tentamos solucionar um problema e passamos o dia inteiro pensando, conversando com as pessoas, fazendo listas e relatórios, mas não chegamos a uma conclusão? E então, tomando banho, caminhando ou em algum outro momento inusitado, de repente, parece que recebemos um *"download"* de informações sobre a situação e passamos a enxergar tudo com clareza, chegando à tão desejada solução. Isso representa, respectivamente, ações características desses dois tipos de inteligência. Perceba que nossa percepção sutil funciona de forma bem diferente da capacidade prática que tendemos a utilizar no cotidiano.

Muita gente pode considerar essa percepção sutil algo sobrenatural, porém isso nada mais é do que uma habilidade natural de todos os seres humanos. Geralmente aqueles que têm essa percepção mais aguçada são tidos como pessoas mais sensíveis. Porém todos nascemos com esse tipo de inteligência, apenas não somos incentivados a exercitar essa habilidade para os níveis sutis.

Imagine que tivéssemos a capacidade de nos dividir em dois. Uma parte de nós sobe até o último andar de um prédio bem alto e a outra fica no térreo. Nosso eu no térreo vai sair para jantar com uma pessoa interessante. Sabemos que ela é pontual, mas já estamos em cima da hora. Então, quando nos perguntamos que caminho tomar, rapidamente pensamos: *Vou pegar o caminho mais curto para chegar mais rápido*. Mas logo ouvimos uma voz fraquinha em nossa cabeça nos dizendo para tomar o outro caminho. Nosso pensamento logo rebate: *O outro caminho é mais longo, vou mesmo pelo caminho mais curto!* Antes da metade do caminho, nos deparamos com um enorme engarrafamento e pensamos: *Ah, se eu tivesse optado pelo outro caminho, seria mais rápido...* A parte de nós que tem uma visão mais ampla do todo já havia observado lá do alto que um engarrafamento mais à frente interrompia o percurso, fazendo do caminho mais longo uma opção melhor. Mas o eu no térreo não podia enxergar isso e optou pela alternativa mais lógica. Geralmente achamos que aquilo que não atende aos nossos padrões racionais é bobagem e, assim, abrimos mão da riqueza da visão e da sensibilidade mais amplas.

### Trabalhando nossas percepções

Para viver em plenitude, não adianta utilizar apenas uma ou outra forma de percepção. Precisamos das duas trabalhando de modo integrado e equilibrado. Mas, ao observar o mundo e sua própria vida, você acha que as utilizamos de maneira harmoniosa? Imagine que fizéssemos muito exercício físico somente com um lado do corpo, enquanto o outro continuasse inativo. Esse corpo seria saudável? Automaticamente pensamos em algo torto, desalinhado, desproporcional. É isso que fazemos com as nossas inteligências – e, consequentemente, com as nossas energias e com o modo como percebemos a realidade a nossa volta. Nossas experiências desagradáveis são reflexos desse desequilíbrio.

Prezamos muito mais aquilo que é prático e que podemos ver, ou seja, o mundo concreto. Exigimos garantias, prazos, resultados, para que possamos medir tudo em nossa vida em termos de qualidade e quantidade. Estabelecemos regras e leis e a elas temos que nos enquadrar, sob o risco de punição. Somos bombardeados por informações e exigidos o tempo todo a agir e a seguir o que nos é passado como certo. Nossa sociedade reflete essa maneira de funcionar, e olhando para ela é fácil perceber que estamos desequilibrados. Por outro lado, não é tão fácil perceber que essa desarmonia acontece porque ficamos mais atentos ao que acontece no mundo físico, mas não percebemos com a mesma eficiência o que se passa nos níveis emocional, mental e espiritual.

A esta altura, você deve estar se perguntando como todas essas informações estão ligadas a sua vida afetiva. Perceba que nossos relacionamentos acontecem em todos os níveis, inclusive nos sutis. Porém, ao longo da vida, somos educados, preparados e cobrados para lidar com o mundo físico, mas não somos instruídos para perceber e lidar com os aspectos emocionais, mentais e espirituais de nossas relações. Nós nos preocupamos com o que acontece no nível material, mas não temos o mesmo cuidado com nossas interações sutis. Por isso, nossa maneira de agir e viver acaba se tornando bastante superficial e parcial, pois não consideramos nós mesmos e o que está lá fora de forma integral. Interpretamos uma parte de nossa realidade como se fosse o todo, vivemos de forma incompleta e míope e ficamos sem entender por que as coisas não funcionam para nós, inclusive nos relacionamentos amorosos.

Digamos que todos os níveis, seja ele físico, emocional, mental ou espiritual, são formados por energia. (Vou utilizar esse termo de maneira informal e não científica, pois é o que mais se aproxima do conceito que desejo expressar.) Utilizamos nossa energia de maneira cotidiana, transformando-a em ações físicas, em pensamentos e em sentimentos, conferindo-lhe diferentes qualidades, impulsos ou intenções.

Imagine essa energia como uma massa de modelar, que podemos moldar da forma que desejarmos, como um pensamento e uma emoção amorosa ao ver o ser amado, por exemplo. Por outro lado, podemos escolher transformá-la em raiva, mágoa e tristeza, se a pessoa que amamos nos diz que deseja terminar o relacionamento. Geralmente moldamos e direcionamos nossas energias tão rapidamente que nem consideramos isso uma escolha. Parece algo automático. Na realidade, é uma decisão tomada de forma inconsciente, já que não aprendemos a realizá-la de forma consciente.

Por meio de nossas escolhas, podemos direcionar nossas energias na forma de um pensamento ou sentimento positivo ou, ao contrário, perceber a situação de modo negativo. Em certas situações escolhemos, em geral de maneira inconsciente, criar formas energéticas desarmoniosas e desagradáveis, que são indicadores de energias distorcidas. A boa notícia é que, se fomos nós que modelamos a energia de forma negativa, também podemos reverter a situação.

### Por que passamos por situações dolorosas?

Quando nosso corpo quer nos avisar de que há algo errado em que devemos prestar atenção, ele manifesta dor. Digamos que você esteja com um problema no estômago – provavelmente, o primeiro sintoma será dor abdominal. A dor física sinaliza que há algo de que precisamos cuidar e curar. Se ela não existisse, o desequilíbrio ou a lesão continuaria a se agravar. Portanto, apesar de desagradável, a dor não só é necessária como essencial, pois sem ela não sobreviveríamos.

Diante da dor, a atitude mais saudável é buscar sua causa, para que possamos sanar o desequilíbrio e promover a cura necessária. É possível, mas não construtivo, tomar um remédio que faça a dor passar sem curar a causa. Imagine que você fique com febre, mas, em vez de ir ao médico e procurar saber o que levou ao aumento da temperatura, simplesmente tome um antitérmico. Você acabou com a febre, mas não resolveu o problema original. Podemos também focar na dor e, em vez de procurar a causa e a cura, alimentá-la com reclamações e lamentações. Pessoas hipocondríacas chegam a exagerar e até inventar dores, parecendo estar sempre doentes. Cuidar apenas da dor, mas não de sua causa, é uma atitude que distorce a função da dor. É como se tivéssemos uma ferramenta de construção, mas, por não sabermos utilizá-la, acabamos usando-a para uma ação de destruição.

Da mesma forma que a dor física é um mecanismo para ajudar a nos manter saudáveis, mostrando lesões e doenças que devem ser tratadas, os eventos e experiências desagradáveis e dolorosos em nossa vida atuam como sinalizadores de que estamos armazenando energias desarmônicas que precisam ser equilibradas. As situações dolorosas têm a função de nos indicar que há formas energéticas negativas que precisam ser remodeladas dentro de nós.

*Durante os primeiros anos de relacionamento, Ana Carolina se dedicou de corpo e alma ao seu par romântico, preferindo sempre sua companhia a qualquer outro programa, fosse com a família ou com os amigos. Depois de um tempo, alguns aspectos da personalidade de seu marido que ela não percebia começaram a ficar mais evidentes, como as diferenças de ritmos e objetivos de vida, de gostos e preferências.*

Quantos de nós já não vivemos situações assim?

Diante de questões como essas, uma saída é conversar com o parceiro e compartilhar os sentimentos de forma amorosa, compreendendo que é natural, depois de um tempo, características que antes não incomodavam passarem a ser desagradáveis. Ana Carolina agiu dessa forma e resolveu pedir que o marido compartilhasse seu ponto de vista, para resolverem a situação em conjunto, de forma clara. Mas imagine que, ainda que percebesse os incômodos aumentando, Ana Carolina estivesse apegada à imagem de casal perfeito que ela e o parceiro tinham e não agisse dessa maneira. Ela poderia gostar e se orgulhar tanto da imagem que os outros tinham deles como casal que, ainda que visse os pequenos problemas com o parceiro aumentarem, preferiria não tocar no assunto.

É comum notarmos, em relacionamentos, quando uma das pessoas se sente injustiçada por se dedicar demais ao parceiro e julgar que não é retribuída. A raiva e a insatisfação vão ficando maiores com o passar do tempo, assim como as cobranças. No Fórum de Histórias Reais do Personare, muitas pessoas relataram conflitos desse tipo. Geralmente não temos a percepção de que há algo desarmônico na relação amorosa quando os problemas são pequenos. Não entendemos a oportunidade de harmonização por trás da situação e insistimos na postura desequilibrada, alimentando ainda mais as distorções energéticas. Embora não percebamos, todos nós fazemos isso de diversas maneiras em nossa vida afetiva, e mesmo em outras áreas. Vamos nos deixando levar pelas circunstâncias da vida e só percebemos que há algum desequilíbrio ao vivenciar uma experiência dramática e extrema, como uma traição. Muitas vezes nem isso é suficiente para alcançarmos essa percepção consciente.

Tendemos a colocar as causas dos eventos negativos de nossa vida do lado de fora. Não conseguimos enxergar os vínculos sutis que nos ligam e nos fazem responsáveis pela situação desagradável. Geralmente adotamos uma postura defensiva, criando mil justificativas e desculpas para nossas ações, pois assumir nossa parcela de responsabilidade pode gerar sentimentos de raiva, injustiça, negação e irritação. Tentamos evitar e fugir do desconforto a todo custo.

## Como lidamos com a dor?

Tentamos nos proteger de tudo que pode nos causar dor, mas ela não é causada pelo que está fora, e sim pela energia distorcida dentro de nós. Geralmente os estímulos externos tocam os nossos machucados emocionais, mas os sintomas são tão incômodos que optamos por somente fazer a dor passar, sem nos preocupar com a causa.

Percebemos que atraímos um padrão de parceiro problemático, mas não paramos para pensar que padrões desequilibrados estamos utilizando em nossas interações e que retornam a nós na forma de relacionamentos complicados. Em vez de direcionar nossos esforços para buscar e equilibrar nosso padrão distorcido, gastamos nossas energias nos lamentando e ansiando por um novo parceiro.

Mas apenas escolhas diferentes podem levar a resultados diferentes. Imagine que você está chateado porque seu parceiro disse que vai sair com os amigos justo hoje, quando você estava morrendo de vontade de vê-lo. A tendência da maioria das pessoas é se sentir abandonada e reclamar com o parceiro, ou então "engolir" a mágoa e não falar nada. Apenas acusar o outro por não ter consideração e por fazer você sofrer, ou esconder dele e de si mesma o sentimento desagradável, são maneiras superficiais de lidar com a situação. Claro que o sentimento é desagradável, e o primeiro impulso é querer que ele passe logo, em vez de observá-lo. Mas por que se deixar afetar tanto pela situação? Será que o outro realmente está trocando a toda hora os momentos a dois por outros programas? Será que você não está sendo exigente demais quanto à presença do outro? Será que não está carente e por isso se sente abandonado? Será que não está precisando se comunicar melhor com o parceiro para deixar mais claras as suas vontades?

Geralmente não buscamos nos fazer questionamentos como esses, muito menos tentamos resolver essas questões internamente e com o parceiro, de forma neutra e sem acusações ou dramas. Ficar chateado reclamando, ou deixar a mágoa passar sem procurar compreender o que efetivamente deixa você chateado, é como ficar reclamando que seu machucado está doendo sem fazer nada para melhorar, apenas esperando a dor passar sem tentar curá-la.

Esquecemos que, para cuidar do machucado, precisamos colocar remédio e, apesar de doer, esse é o primeiro passo para a cura. Então fugimos ou negamos tudo que nos é desagradável. E, em vez de remodelar os padrões desequilibrados, simplesmente os escondemos dentro de nós, de forma que não sejam mais sentidos. Mas eles continuam lá, somente esperando as circunstâncias que os trarão à tona novamente.

Outra tendência diante de situações dolorosas é tentar entendê-las e resolvê-las de forma prática e objetiva. Esquecemos que temos habilidades específicas para lidar com nossas diferentes dimensões. Pensamentos e emoções não são resolvidos da mesma forma que um problema da vida prática. Por isso, não adianta apenas buscar explicações e soluções práticas para as dificuldades amorosas.

Quantas vezes percebemos que alguma atitude ou emoção não é positiva para nós, mas mesmo assim não conseguimos mudá-la? Podemos ter certeza de que aquela pessoa está namorando e é melhor partir para outra, mas continuamos a desejá-la. Pensamos que seria bom ficar sozinho por um tempo, mas a sensação de solidão continua nos atordoando.

Quantas vezes você já sentiu como se sua cabeça entrasse em curto-circuito tentando entender, explicar e resolver situações emocionais? Ou buscando controlar, sem sucesso, seus pensamentos? Tendemos a nos aprisionar em nossas habilidades analíticas e ignoramos, até menosprezamos, aquelas mais intuitivas.

Entender a dor com a habilidade adequada significa se permitir senti-la, não para alimentá-la ou para negá-la, mas para acessar sua causa e assim harmonizá-la, revertendo as distorções sutis dentro de nós. Mas, como nosso modo de vida privilegia o que é racional e nossa habilidade intuitiva não se enquadra na lógica racional, acabamos ignorando-a. Não prestamos atenção justamente naquilo que pode nos proporcionar a compreensão que buscamos, e insistimos em usar a ferramenta errada para lidar com nossos pensamentos e emoções. Tentamos abordá-los da mesma forma que fazemos com os problemas cotidianos da vida material, lutando para resolvê-los com a inteligência racional.

É como usar faca para tomar sopa ou colher para cortar carne. Falhamos, então percebemos o sentimento de frustração e a sensação de impotência crescerem dentro de nós. Não entendemos por que não conseguimos mudar a situação e resolver o problema, se temos tanta vontade e nos esforçamos tanto.

Dessa maneira, uma pessoa que passe por decepções amorosas em situações repetitivas pode tentar buscar os porquês de seu fracasso sem obter respostas. Por que isso sempre acontece comigo? Por que essa pessoa que tanto amo me faz sofrer tanto? Como alguém pode mentir dessa maneira? Essas são algumas perguntas que podem ficar se repetindo em nossa mente. Isso acaba nos deixando com raiva de nossas emoções e com vergonha de nós mesmos, criando sentimentos contraditórios, pois, quanto mais os relacionamentos fracassam, mais os desejamos, ao mesmo tempo em que passamos a temê-los.

O tempo passa, e as questões que tanto tentávamos entender vão sendo esquecidas. Assim, mais uma vez "enterramos" dentro de nós nossas dores, mágoas e dúvidas, acreditando que assim a situação esteja resolvida. Por tentarmos remodelar nossos padrões distorcidos utilizando a ferramenta errada, acabamos acreditando que não somos capazes de mudá-los, ignorando nosso enorme poder de transformação e aprendizado.

São os sentimentos com os quais não sabemos o que fazer e, por isso, os varremos para debaixo do tapete. Isso vai se repetindo muitas e muitas vezes. A cada tentativa de lidar de forma prática e racional com aquilo que é abstrato e intuitivo, sem sucesso, as questões mal resolvidas se acumulam. Quando estamos passando por alguma dor emocional, é comum ouvirmos: "O tempo cura tudo". Na realidade, o tempo não muda nada, ele apenas passa – somos nós que, de forma consciente ou inconsciente, trabalhamos ou não nossas distorções, harmonizando e transformando a dor em outra qualidade ou apenas negando e escondendo a energia negativa e nos enganando como se o problema estivesse resolvido.

## Como as memórias influenciam nossa vida afetiva?

Quando algo acontece conosco, nosso cérebro recebe o estímulo e busca informações relacionadas a ele, para que assim possamos fazer uma escolha e agir diante da situação. Essas memórias armazenadas contêm informações registradas a partir de nossas experiências anteriores e, uma vez ativadas, são transformadas em uma série de reações químicas em nosso corpo. São disparados sentimentos e sensações associados às memórias ativadas. Assim, o que acontece fora de nós se transforma em sensações físicas e nos afeta. Tudo isso acontece muito rápido.

Quando vivemos uma situação desagradável e, em vez de transformá-la em aprendizado, a associamos a sentimentos de decepção, dor, raiva ou outra qualidade negativa, é essa memória que acumulamos dentro de nós. Muitas delas são armazenadas em nosso inconsciente, ao qual não temos acesso de forma racional. Ainda assim, podemos percebê-las indiretamente, pela qualidade das situações que criamos em nossa vida. Quando começamos um relacionamento, mas temos em nossa memória registros fortes de conceitos de amor ilusórios e baixa autoestima, são eles que emergem e determinam nossas interações naquele momento, ainda que de maneira imperceptível.

Esse mecanismo das memórias existe para que possamos tomar as melhores decisões de forma rápida, já que podemos acumular a bagagem dos aprendizados anteriores e assim nos aperfeiçoar cada vez mais. Ele visa nos proteger, pois experiências desagradáveis que se transformam em aprendizado ficam registradas, para que em uma próxima situação possam servir de base para agirmos de maneira mais consciente.

O grande problema está em não viver nossas experiências de forma consciente e, assim, não perceber as memórias que geramos. Sem nos dar conta, deixamos que as memórias negativas, gravadas como feridas energéticas em nossos corpos sutis, comandem automaticamente nossas atitudes, pensamentos e sentimentos, gerando cada vez mais dor. Claro que isso não é intencional, pois ninguém em sã consciência escolhe o sofrimento. Fazemos isso porque estamos acostumados a enxergar as situações desagradáveis como problemas, e não como oportunidades de aperfeiçoamento.

## O primeiro passo para harmonizar sua vida afetiva: identificar o que se passa nos níveis sutis

Somos o resultado da soma de nossas energias – contendo todas aquelas formas que modelamos nos níveis físico, emocional, mental e espiritual – e com esse conjunto interagimos com as outras pessoas e com o meio à nossa volta.

Imagine sua conta bancária. Seu saldo é resultado de todas as suas movimentações positivas (entrada de dinheiro) e negativas (saída de dinheiro). Portanto, não adianta ganhar muito e gastar ainda mais, pois seu saldo continuará negativo. Apenas com gastos, o saldo vai ficando cada vez menor.

Podemos dizer que nosso conjunto energético é o saldo de todas as energias que modelamos. Se modelarmos nossas ações, sentimentos, pensamentos e aspectos mais sutis de modo positivo, contribuiremos para um saldo energético positivo. Se estivermos com o saldo muito negativo, ainda que comecemos a só fazer depósitos, sem nenhuma retirada, pode levar um tempo até que o saldo se torne positivo. Isso também acontece em nossos processos de harmonização energética. Ainda que consigamos mudar a qualidade de nossos pensamentos, sentimentos, atitudes, crenças etc., dependendo da quantidade de padrões distorcidos armazenados, pode levar um tempo até que nosso saldo seja positivado.

Conferimos movimento, intenção e qualidade às nossas energias em nosso mundo interior, na forma de atitudes, pensamentos e sentimentos, por exemplo, e as enviamos para o mundo exterior em nossas interações, obtendo um retorno, um *feedback*. Podemos não enxergar diretamente a qualidade das formas energéticas que criamos nos níveis emocional, mental e espiritual, mas as respostas do mundo exterior estão continuamente nos mostrando.

Aquela pessoa que ficou chateada porque o parceiro saiu com os amigos e que não elucidou internamente essa questão dentro de si fica com as emoções negativas registradas nos corpos físico e sutis na forma de pequenos ressentimentos. Imagine que essa pessoa tem baixa autoestima e que a essa memória se juntam outras situações em que ela se sentiu de algum modo rejeitada. Ela já até esqueceu que ficou chateada naquele dia e nem se lembra de todos os pequenos incômodos que sentiu quando o parceiro esqueceu o aniversário de namoro, quando fez aquele comentário desagradável na frente de outras pessoas, quando não quis conversar naquele dia em que ela precisava de apoio, entre tantas outras coisas. Talvez ela se dê conta disso no meio de uma discussão, quando então se verá jogando na cara do parceiro cada um desses eventos.

Enquanto a pessoa não perceber que tem, por exemplo, questões relacionadas à sua autoestima a ser trabalhadas, por mais que se ache autoconfiante, constantemente vai se deparar com situações que ressaltam seus desafios de autoestima, pois essas distorções estão gravadas em sua memória e na maneira como lida com o mundo.

Nossa percepção para o sutil é pouco desenvolvida e negativamente viciada. Em vez de interpretar a experiência dolorida como uma sinalização de emoções que precisam ser remodeladas e positivadas, muitas vezes nem notamos que nossas emoções estão desequilibradas. E, quando percebemos, fugimos da situação negativa ou tentamos utilizar a ferramenta racional, ao invés da intuitiva, para resolvê-la. Não conseguimos reverter as emoções negativas e acabamos acumulando-as em nossas memórias. Criamos um círculo vicioso de dor, que precisa ser quebrado para nos libertarmos.

O primeiro passo para essa mudança é nos conscientizar de nossas dimensões sutis e aprender a identificar as dinâmicas desses padrões negativos que acontecem em nossa vida. Essa percepção precisa ser treinada, afinal não estamos habituados a exercitá-la. Tendemos a racionalizar os aspectos sutis em vez de treinar a percepção sutil, e acabamos sofrendo as consequências desse equívoco.

Ao percebermos cada vez melhor as respostas que nossa vida afetiva nos traz, ganhamos a oportunidade de remodelar nossos aspectos físicos e sutis de forma mais positiva. Começamos a desenvolver a capacidade de lidar com nossos relacionamentos, assim como o poder pessoal para assumir a responsabilidade sobre nossa vida amorosa.

## Sugestões para a leitura deste livro

Ao longo dos capítulos, serão apresentadas algumas reflexões, que aparecerão em destaque no meio do texto. Procure respondê-las durante a leitura, à medida que forem sendo apresentadas. Ao terminar cada capítulo, sugiro que você volte a responder às mesmas perguntas, mas dessa vez de modo meditativo, exercitando sua percepção sutil. Tente utilizar mais suas capacidades de sentir e intuir, em vez de analisar as situações somente de modo racional.

Veja a seguir um exercício que deve ser realizado ao fim de cada capítulo deste livro, com o objetivo de perceber suas verdadeiras motivações. Ao realizá-lo, procure ser o mais sincero possível consigo mesmo e não se julgar. Siga o passo a passo:

- Encontre um local tranquilo, sem outras pessoas ou barulhos que possam distrair você, ou em que as distrações sejam as menores possíveis. Você pode colocar uma música calma e utilizar outros recursos que o ajudem a se acalmar.
- Respire fundo e foque-se apenas em sua respiração, fechando os olhos e procurando ouvir e perceber os movimentos de inspiração e expiração, até notar que já está mais relaxado e sua mente está mais tranquila.

- Os pensamentos continuarão passando por sua mente. Não é preciso tentar controlá-los, apenas deixe que aconteçam, sem alimentá-los. Experimente soltá-los, sem tentar interferir. Não force nada, apenas tenha mais paciência consigo mesmo e permita-se observar suas sensações. No início pode parecer difícil e estranho, mas persista.
- Procure relaxar por pelo menos dez minutos. Apenas quando se sentir mais tranquilo e seus pensamentos estiverem calmos, leia novamente as questões em destaque no capítulo que acabou de terminar.
- Feche os olhos mais uma vez. Em vez de começar a pensar e procurar as respostas, apenas perceba os sentimentos que lhe vêm. Treine a capacidade de não buscar, simplesmente deixando que as respostas venham na forma de emoções, lembranças, imagens, cores, não importa. Não há certo ou errado, apenas permita que sua mente intuitiva se expresse.
- Perceba se você consegue distinguir que energias – sentimentos, crenças, pensamentos – estão motivando suas atitudes e escolhas. Se não conseguir, não force, respeite-se e fique com as informações que lhe vieram até o momento.
- Quando acessar essas energias, não lute contra elas nem tente bloqueá-las. Mesmo que sejam desagradáveis, apenas observe! Perceba tudo que é despertado em você.
- Se desejar, registre por escrito tudo que acessou, para que possa consultar posteriormente. De tempos em tempos, releia suas anotações. Novas percepções podem surgir.

Esse exercício meditativo vai auxiliar você a identificar o que se passa nos níveis sutis. Pode ser um importante apoio para ajudá-lo a modelar suas ações, sentimentos e pensamentos de modo positivo. Como conteúdo complementar, você encontrará uma gravação em áudio com esse exercício guiado por mim na página www.personare.com.br/para-que-o-amor-aconteca.

Ao fim deste primeiro capítulo, reflita:

> Você tem modelado suas atitudes, pensamentos e sentimentos de forma positiva ou negativa? Como está o saldo de suas energias?

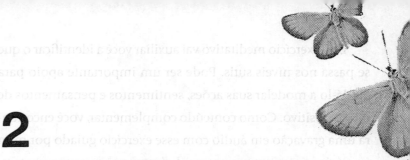

# 2
## COMO DEIXAR O ORGULHO E OS MEDOS DE LADO

Quantas vezes, para evitar atritos no relacionamento amoroso, você deixou passar questões que o desagradaram, como se estivesse tudo bem? Ou, em contrapartida, acusou o outro de fazer você se sentir mal? Agora você já sabe que essas pequenas distorções, assim como tantas outras, vão se acumulando sem que se perceba. Sabe também que o primeiro passo para mudar sua vida afetiva é aprender a identificar como essas distorções se formam e o influenciam. Mas como desenvolver essa habilidade?

Imagine que você está andando na rua e alguém esbarra em seu braço. Isso pode incomodar um pouco, mas você segue em frente. Agora imagine que seu braço, coberto por uma blusa de manga comprida, está muito machucado e alguém esbarra em você, mesmo que de leve. Sua reação instintiva é empurrar a pessoa para longe, ao mesmo tempo em que sente uma dor terrível. A pessoa ficará espantada com uma reação tão violenta e pode até ficar ofendida.

Tocar um machucado pode ser extremamente doloroso. A dor nos faz ter reações automáticas e defensivas. Se não soubermos que estamos feridos, toda vez que alguém tocar o machucado, acharemos que o outro é quem está nos machucando, quando na realidade nós é que não estamos conscientes de nossos próprios ferimentos.

Se o corpo físico apresenta algum ferimento interno e não aparente, muitas vezes é preciso apertar diferentes partes do corpo para obter pistas sobre a localização da dor. Um machucado ou lesão pode passar despercebido, ficar escondido e se agravar, até que sua manifestação se torne perceptível. Se uma mulher não faz constantemente o autoexame de mama, pode deixar passar despercebido um caroço no seio. Pode ser que ela só perceba quando o tumor já estiver grande e talvez em estado grave.

Entretanto, perceber machucados no corpo físico é mais fácil do que percebê-los nos níveis sutis. Treinar nossa percepção e capacidade de lidar com os níveis sutis torna-se crucial para que possamos detectar nossas feridas emocionais, mentais e espirituais e até mesmo evitá-las antes que aconteçam.

Quando deixamos passar algo que nos incomodou no relacionamento amoroso, pensamos que, pelo fato de ser algo pequeno, não fará diferença. Mas lembre-se do capítulo anterior e pense em todos os pequenos aborrecimentos e pensamentos desagradáveis que você tem ao longo de um dia. Agora some todos aqueles que ocorrem ao longo da semana, do mês, dos anos. Ainda que pequenos isoladamente, vão se consolidando sentimentos e pensamentos derivados da insegurança, do medo, da carência, da raiva e da mágoa. Essas distorções não físicas vão se acumulando, criando um corpo não material que podemos chamar de Eu Machucado.

### Eu tenho um Eu Machucado?

Ao longo da vida, acumulamos energia na forma de emoções, sensações, crenças e hábitos que modelamos negativamente. Passamos por situações desagradáveis, não percebemos os padrões desequilibrados que elas sinalizam dentro de nós e, assim, não aproveitamos as oportunidades de harmonização que elas trazem. Guardamos essas lições não aprendidas na forma de memórias, que ficam armazenadas como feridas não físicas.

Grandes eventos dramáticos, como traições e agressões, são facilmente identificáveis entre esses registros. Porém aqueles de menor intensidade são mais difíceis de identificar, como um tom de voz mais agressivo que o magoou ou aquele dia em que você se sentiu pressionado ou impotente diante de uma situação. Até memórias da infância, mesmo de quando estávamos dentro do útero da nossa mãe, ficam gravadas – ainda que não lembremos conscientemente. As crianças têm uma maneira de sentir e perceber diferente da dos adultos, por isso muitas vezes acessamos lembranças que hoje podem parecer bobas e insignificantes, mas que ficaram guardadas na qualidade e intensidade da percepção da criança que fomos.

Aqueles que nos criam e educam, geralmente pai e mãe, acabam se tornando nossos referenciais de homem e mulher, assim como o relacionamento deles se torna nosso principal referencial de uma relação afetiva. Todas as nuances de sentimentos e emoções que permeiam os relacionamentos de nossos pais, entre si e com a criança que fomos, ficam registradas de alguma maneira. A maioria de nós já vivenciou ou presenciou relacionamentos em que a pessoa se sentiu atraída por outra com características similares às de seu pai ou de sua mãe, não é mesmo? Por exemplo, ainda que conscientemente o indivíduo não queira para si um relacionamento cheio de brigas, como o de seus pais, o parâmetro criado na memória pode ser: "relacionamentos significam brigas".

Nosso Eu Machucado é aquela parte de nós que, por se sentir ferida, teme a dor. Ele procura sempre se proteger da dor, mas, ao fugir dela, apenas agrava o sofrimento. O Eu Machucado cria mecanismos autodestrutivos e de autossabotagem nessa fuga, pois para ele não importa se estamos nos prejudicando, e sim que ele se sinta protegido da dor. Perceba que o Eu Machucado tem uma visão imediatista e não percebe as consequências a longo prazo.

Sempre ressaltando os piores aspectos em todas as situações, o Eu Machucado nos faz acreditar que não somos capazes de ter um relacionamento, que não vamos conseguir ser felizes no amor, que a dor é maior do que podemos aguentar. Gera sentimentos tão intensos e reais que acabam nos cegando para outras percepções mais profundas. A dor acaba se sobrepondo à nossa consciência. Dúvida, vazio, angústia, medo são apenas alguns dos sentimentos gerados.

Para quem assistiu ao filme *O senhor dos anéis*, o Eu Machucado é representado de forma extrema pelo personagem

Gollum, que tem duas personalidades que brigam entre si. Uma delas é envenenada, centrada no que há de negativo, e acredita que os outros são responsáveis pelas coisas ruins que lhe acontecem, enquanto a outra está concentrada no que há de positivo nas situações e nas pessoas.

A energia básica do Eu Machucado é o medo. Devemos estar bem atentos, pois a forma traiçoeira e manipuladora com que o medo atua dentro de nós nos leva a tomar grande parte das decisões motivados por ele, sem nem ao menos perceber isso. Quantas vezes deixamos de sair com os amigos temendo desagradar o parceiro, ou com medo de que isso dê brecha para ele sair também? Quantas vezes continuamos um relacionamento pelo medo de ficar sozinhos ou desamparados? Quantas vezes deixamos de demonstrar nossos sentimentos com medo da rejeição?

**Reflita:**
Você consegue identificar suas feridas sutis?
Como percebe seu Eu Machucado?

## Por que atraio certos tipos de pessoas?

O Eu Machucado influencia nossas escolhas de forma ativa, definindo nossas ações ou omissões – quando fazemos ou deixamos de fazer algo por medo –, e também de forma passiva, determinando o que acontece em nossa vida – por exemplo, um relacionamento problemático – como um *feedback* da qualidade de nossos pensamentos e sentimentos decorrentes do medo. Nesse último caso, não procuramos ativamente uma pessoa problemática, mas as distorções emanadas de nosso conjunto sutil nos trazem aquilo que está na mesma qualidade que nós.

O medo nos leva a tomar as decisões que nos parecem mais seguras, em vez de enfrentar a situação que nos amedronta, mas não percebemos que, nos colocando nessa energia, contribuímos para vivenciar justamente as experiências na mesma qualidade, ou seja, aquelas que tememos.

Quando nos vemos sem ter como fugir do confronto com nossos temores, vivendo, por exemplo, uma situação em nossa vida afetiva com a qual não sabemos lidar, ansiamos por um manual que nos oriente como agir. Esquecemos que, apesar de não haver um guia detalhado, contamos sempre com um sistema que nos permite perceber se estamos perto ou longe do equilíbrio: quando interagimos com nossos padrões emocionais e mentais distorcidos, temos como resposta do mundo exterior situações e pessoas na mesma qualidade, que nos mostram como estamos. Para utilizar melhor esse sistema, precisamos aprender a interpretar o que cada situação nos diz. As pessoas com as quais nos envolvemos espelham nossos desequilíbrios, seja na mesma polaridade, seja na polaridade oposta. Ao identificar essas dinâmicas, temos mais pistas sobre o nosso desequilíbrio. Os gráficos a seguir nos ajudam a elucidar algumas possíveis polaridades, mas é interessante observar que outros tipos de padrões podemos estar manifestando em nossas relações. Nos quadrantes inferiores estão as qualidades mais ligadas ao perfil passivo, ao herói, ao mártir; nos superiores, aquelas mais ligadas ao perfil ativo, ao vilão, ao tirano.

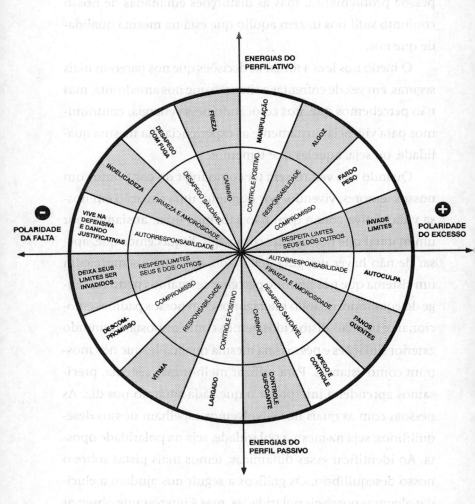

O círculo do meio contém as energias na qualidade equilibrada. Já os extremos mostram as polaridades desequilibradas.

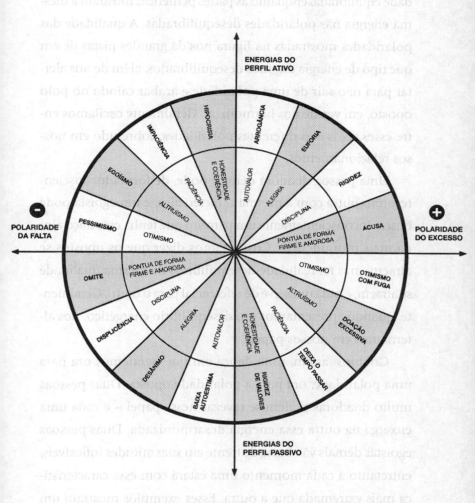

O círculo do meio contém as energias na qualidade equilibrada. Já os extremos mostram as polaridades desequilibradas.

Perceba que a parte central mostra a energia em sua qualidade equilibrada, enquanto as partes periféricas mostram a mesma energia nas polaridades desequilibradas. A qualidade das polaridades mostradas na figura nos dá grandes pistas de em que tipo de energia estamos desequilibrados, além de nos alertar para não sair de uma polaridade e acabar caindo no polo oposto, em vez de nos harmonizar. Geralmente oscilamos entre esses eixos e as diferentes polaridades, sobretudo em nossos relacionamentos.

Uma pessoa doadora demais pode, de forma inconsciente, atrair outra com a mesma característica, e um egoísta pode buscar inconscientemente um parceiro que tenha esse traço ainda mais pronunciado. Costumamos dizer que os opostos se atraem, mas na realidade desequilíbrios da mesma qualidade se atraem, e cada um serve de referencial para o outro. Geralmente, quando apresentamos um desequilíbrio energético, nos alternamos em nossos papéis.

Criamos, assim, uma dança em que pendemos ora para uma polaridade, ora para a polaridade oposta. Duas pessoas muito doadoras podem se revezar nesse papel – e cada uma enxerga na outra essa energia desarmonizada. Duas pessoas egoístas demais vão bater de frente em suas atitudes inflexíveis, entretanto a cada momento uma estará com essa característica mais extremada que a outra. Esses exemplos mostram um único tipo de energia desequilibrada, seja na mesma polaridade, seja em polaridades opostas, mas devemos lembrar que em nossos relacionamentos interagimos com um conjunto de energias desequilibradas, portanto essa dança de polaridades se torna um pouco mais complexa. Ainda assim, é possível perceber os desequilíbrios e buscar harmonizá-los.

Uma pessoa que guarda fortes memórias de traição, por exemplo, geralmente tem uma natureza defensiva em relação a isso. Se ela não trabalhar a cura dessas feridas energéticas, pode vir a se sentir atraída por alguém que tenha tendência a trair, pois esse é o padrão gravado em sua memória nos níveis físico, emocional, mental e espiritual. Ela interage com o mundo exterior a partir desse medo e tem como *feedback* pessoas e situações na mesma qualidade, ou seja, experiências que envolvem de alguma maneira o aprendizado necessário para curar os registros de traição.

Sabemos que carregamos machucados sutis, pois, quando eles são "tocados", percebemos algum tipo de pensamento e sentimento negativo, como resposta automática ao estímulo externo. Imagine que uma pessoa está em um novo relacionamento, e um dia seu parceiro se afasta para atender o celular longe dela. Se ela tem um registro de traição, essa situação a princípio inofensiva pode gerar um grande incômodo, um sentimento de medo e desconfiança. Quando alguma pessoa ou situação nos incomoda muito, devemos ficar mais atentos. Se sentimos incômodo, é porque há alguma energia desequilibrada em nós sendo ativada pelo estímulo exterior, como uma pessoa que esbarra em nosso machucado. Ainda que a outra pessoa ou a vida nos faça alguma coisa absurda, e teoricamente estejamos completamente "certos", de alguma maneira nossas energias e escolhas também geraram essa situação.

**Reflita:**
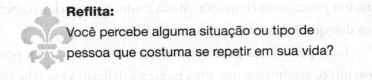
Você percebe alguma situação ou tipo de pessoa que costuma se repetir em sua vida?

À primeira vista, uma pessoa superdedicada e fiel ser traída pode parecer algo injusto. Mas o simples fato de estar passando pela situação indica que ela tem 50% de responsabilidade. Como no nível físico aparentemente ela estava correta, é muito fácil esquecer que a interação entre os parceiros acontece com todo o conjunto energético de ambos, e que a situação é também resultado da interação dos Eus Machucados nos níveis sutis da relação. O nível de dor despertado no Eu Machucado da pessoa a impede de olhar para si, fazendo com que, em vez de tentar entender seus 50% de responsabilidade na situação, ela comece a criar inúmeras explicações racionais e justificativas para mostrar como a outra pessoa é injusta e errada.

Se você fica irritado ao ler isso, pode ter certeza de que estamos tocando seu Eu Machucado. Ele pode estar agora tentando se defender, justificando que nem sempre é assim, que às vezes uma pessoa é mais responsável que a outra etc. Quando estamos muito feridos energeticamente, as reações do Eu Machucado costumam ser automáticas e intensas, como um reflexo à dor. Tendemos a adotar imediatamente uma postura defensiva, criando desculpas e justificativas para fugir da responsabilidade. Isso não faz de nós melhores ou piores que ninguém, e não precisamos nos sentir mal. Estamos apenas fragilizados, e é natural que isso doa e que reajamos de modo defensivo, para evitar a dor. Mas, uma vez que ficamos cientes dessa situação, podemos escolher enfrentar a raiva, a irritação e a angústia, dando o primeiro passo para curar o Eu Machucado.

De fato, existem situações em que há uma aparente desproporção na responsabilidade pelo que acontece, especialmente se a situação configura uma relação vítima/algoz. Os desequilíbrios do agente ativo, o algoz, ficam explícitos. Já os desequilíbrios da vítima, além de ser menos perceptíveis, são ofuscados pelos do algoz. A vítima está em uma situação ainda mais delicada, e até perigosa, pois seus desequilíbrios apresentam uma natureza mais oculta, e, na posição de vítima, ela se afasta ainda mais da conscientização.

É preciso estar atento para reconhecer os padrões que tendem a ficar ocultos. Imagine uma pessoa que parece extrovertida, mas sua extroversão para o mundo exterior apenas disfarça sua natureza emocional, bastante fechada. Ela interage com o parceiro de maneira calorosa, porém superficial, sem nunca se aprofundar em suas emoções, afinal não sabe lidar com seus sentimentos mais profundos. O parceiro sente a superficialidade emocional da pessoa, mas, como também não tem noção das próprias emoções e pensamentos mais íntimos, sente-se oprimido e não consegue identificar o porquê, afinal a pessoa é bastante extrovertida. O parceiro confunde essa aparente transparência e abertura social da outra pessoa com abertura emocional. Na realidade, por trás de toda a facilidade de se relacionar com as pessoas, esconde-se alguém que não sabe ou tem medo de se aprofundar em suas próprias emoções.

Isso vai criando certo distanciamento e deixando o parceiro bastante inseguro, afinal ele não consegue acessar emocionalmente a pessoa e, por não conseguir identificar essa dificuldade, pode ser que comece a ter surtos de ciúme e atitudes agressivas, como forma de extravasar seu desconforto. Isso acua a pessoa com tendência a se fechar, levando-a a se retrair ainda mais e criando assim um círculo vicioso na relação. O padrão distorcido da pessoa teoricamente extrovertida tem natureza obscura, não visível aos olhos. Todo mundo, inclusive ela mesma e o parceiro, achará que ela é uma pessoa aberta, mas, na vivência íntima do relacionamento, a dificuldade de aprofundamento emocional se refletirá na interação afetiva. Ao se fechar e acumular os sentimentos, sem demonstrá-los, a pessoa extrovertida, mas emocionalmente retraída, não está em uma situação melhor do que o parceiro, com seus descontroles e ataques de ciúmes. Ainda que aparente harmonia e pareça ser vítima do parceiro descompensado, na realidade ela está tão desequilibrada quanto o parceiro.

Os padrões de distorções ocultos são muito sutis e atuam como uma doença silenciosa que se agrava sem ser notada. A falta de consciência acerca de nossas dinâmicas sutis nos leva a situações em que todos acabamos sendo vítimas e algozes, em nossas próprias escolhas e atitudes. Quando não temos consciência de nossos aspectos emocionais, mentais e espirituais, não conseguimos enxergar nossa responsabilidade sobre a situação e muito menos assumi-la ou lidar com ela, afinal nem sabemos o que estamos verdadeiramente fazendo.

### Por que sinto culpa?

Na realidade, não existem vítimas e algozes, mas pessoas que compartilham uma oportunidade de harmonização energética na forma de agentes passivos e ativos. Todos são sempre agentes, corresponsáveis, com igual parcela de responsabilidade. Portanto, culpar o outro por nossa dor, ainda que ele efetivamente a tenha disparado com uma atitude no nível físico, só nos prende à visão superficial da situação e nos desvia da oportunidade de cura. Por outro lado, em vez de culpar o outro, nosso Eu Machucado pode também nos levar a culpar a nós mesmos.

Imagine um médico que trabalha em um hospital psiquiátrico e está à procura de um paciente fugitivo, extremamente inteligente, mas que foi muito incompreendido e maltratado ao longo da vida, por isso tem medo das pessoas. O paciente acha que todos vão machucá-lo e tem mania de perseguição, então prefere se isolar e fugir. Mesmo aqueles que querem ajudá-lo a se curar são vistos por ele como agressores. Agora imagine que esse médico e esse paciente estão dentro de você, em sua mente. Toda vez que o médico chega perto de encontrar o paciente, este fica sabendo – afinal ele e o médico são a mesma pessoa – e dá um jeito de despistar o doutor.

Assim é o Eu Machucado, fugindo de nossa real intenção de cuidar dele e curá-lo. Como somos ao mesmo tempo o médico e o paciente fugitivo, precisamos criar maneiras para que o Eu Machucado não consiga nos enganar e escapar de nós mesmos. Uma maneira pela qual ele se esquiva de nosso impulso de curá-lo é ocupando nossa mente com infinitas justificativas para nossas ações e escolhas, em vez de assumir a responsabilidade. Essas explicações costumam ser bastante racionais no nível físico, mas não são verdadeiras nos níveis sutis.

Elas distorcem os fatos e a verdade naquele impulso de querermos estar sempre certos. Portanto, a maneira de não deixar o Eu Machucado se esconder é buscar as reais explicações nos níveis sutis e não nos deixar dominar pela atitude defensiva. Se percebermos que temos a necessidade de nos provar certos, em vez de querer compartilhar visões para chegar a um consenso, saberemos que estamos agindo sob o impulso do Eu Machucado. Somente buscando a verdade mais profunda conseguiremos enxergar a ilusão das justificativas racionais do Eu Machucado, que não conseguirá fugir se formos com nossa percepção até os níveis emocionais e mentais. Afinal, é aí mesmo que ele se esconde.

Aquela pessoa que fica insegura porque o parceiro se afastou para atender o telefone pode brigar com ele, alegando que isso é falta de respeito e que, se precisou se afastar, é porque está escondendo algo. Portanto, ela se julga no direito de se sentir brava e agredida e de brigar com o parceiro, acusando-o. Isso acontece como uma maneira de se eximir da responsabilidade sobre seu próprio mal-estar, jogando a culpa sobre o outro.

É comum criarmos uma história com todas as explicações para a situação, tornando-a mais palatável para nós e para os outros. Nosso Eu Machucado projeta imediatamente o mal-estar como responsabilidade do outro, evitando que busquemos a responsabilidade dentro de nós. Ele cria essa ilusão para que não o alcancemos. Mas essa postura apenas mascara a verdade, mais dolorida. Encobre as dores e feridas de experiências passadas que permanecem abertas, mas ocultas. Já que não há como derrubar essas desculpas no nível racional e físico, acabamos nos enganando.

Desejamos tanto acreditar em nossa explicação, que mais uma crença distorcida é criada dentro de nós, a qual se une e fortalece todas as outras que estão lá, em nossa coleção de justificativas que constroem ilusões. Esquecemos que isso não resolve a situação, apenas nos faz acumular mais energia distorcida.

Quando agimos dessa maneira, não nos damos conta de que estamos apenas mascarando as energias negativas, e que a vida vai continuar a trazer situações do mesmo tipo. Não há como fugir disso. Como o efeito negativo não é sentido imediatamente, a pessoa acredita que está fazendo o melhor, aliviando sua raiva, afirmando sua indignação e se defendendo da ameaça, sem questionar o real motivo de estar se sentindo incomodada. Ao agir assim, quem ela está alimentando: seu Eu Machucado ou sua verdade?

> **Reflita:**
> Como você percebe se a culpa está presente em sua vida? Em que situações ou áreas de sua vida ela fica mais evidente?

Porém, quando falamos em responsabilidade, não podemos confundi-la com culpa. Assumir a responsabilidade é positivo, porém a culpa nada mais é do que uma fuga. Algumas pessoas acham que, ao se culpar, estão assumindo a responsabilidade. Porém a culpa apenas nos paralisa e nos impede de seguir em frente para curar nossas feridas sutis. Ela cria sentimentos negativos que dificultam nossas ações para modificar a situação. Da culpa pode surgir o desejo de autopunição como forma de se redimir, porém mais uma vez isso é apenas uma desculpa do Eu Machucado para não enfrentar a dor real e curá-la. Uma pessoa que trai o parceiro, por exemplo, pode se sentir culpada em vez de buscar o que a levou a trair e então trabalhar seus machucados sutis. Fica se martirizando, acreditando que o sofrimento de alguma forma aliviará a culpa, mas não percebe que somente assumindo sua responsabilidade e trabalhando seus padrões poderá acabar com o sentimento de culpa e transformar essa experiência desagradável em algo positivo.

No lugar de aprendizado, a culpa e a autopunição representam fuga do enfrentamento e pioram a situação. A responsabilidade existe, mas não na angústia ou no pesar, e sim na compreensão e na aceitação do aprendizado e da oportunidade de nos equilibrar. A grande dificuldade está em nos mantermos conscientes quando estamos vivenciando a dor e o sentimento negativo, pois eles acabam quase sempre nos dominando. Nós nos colocamos como vítimas, e não como agentes dos acontecimentos.

### Será que eu me saboto sem perceber?

Quando assistimos a um filme, o fato de sabermos que é ficção não nos impede de sentir medo e outras sensações causadas pelas imagens e pelos sons. Ficamos ansiosos, tensos e angustiados.

O Eu Machucado cria filmes de drama em nossa vida, com seus circuitos viciados em memórias de medo e de dor. Acabamos caindo na ilusão de que o sofrimento é causado pelas pessoas com as quais nos relacionamos ou por situações externas. O grande problema é que, na maioria das vezes, não percebemos que nossos sentimentos decorrem de um filme distorcido criado e projetado dentro de nós. Sentimo-nos prisioneiros de nosso próprio filme, sem perceber que fomos nós que o escrevemos, produzimos e dirigimos, com nossas memórias, crenças, sentimentos e ideias.

Quando não procuramos perceber mais profundamente as reais motivações de nossas escolhas, tomamos decisões de forma superficial, inconsciente e automática. Muitas vezes achamos que estamos agindo de maneira saudável e amorosa, mas não percebemos que carregamos machucados sutis que nos influenciam imperceptivelmente. Se queremos viver um relacionamento afetivo, mas carregamos algum tipo de energia que afeta nossa percepção sutil sobre as relações amorosas, ela nos colocará em situações que trazem a qualidade da energia desequilibrada. Essas situações podem se mostrar em circunstâncias repetitivas ou mesmo diferentes, mas sempre na qualidade do desequilíbrio, até que essa energia seja trabalhada de alguma forma, curada e liberada.

Uma pessoa cujos pais eram muito exigentes e de alguma forma não trabalharam bem a autoestima do filho pode apresentar, por exemplo, falta de autoconfiança. Essa insegurança pode gerar tanto medo de se relacionar que a pessoa se vê sendo repetidamente abandonada por seus parceiros, pois ela não se sente à altura e merecedora do outro. Na vida profissional, tem problemas para se sobressair e evoluir, porque lhe falta autoconfiança, e na vida social, tem dificuldade de fazer amizades.

A autossabotagem é fruto de energias distorcidas guardadas na forma de memórias, crenças, sentimentos, pensamentos. As situações repetitivas são como um curto-circuito nessas energias, que ficam tocando como um disco quebrado, ou sendo projetadas na realidade física como um filme que se repete insistentemente. Para interromper a projeção desse filme desagradável em sua vida, é preciso assumir seu papel ativo sobre ela, e não desistir ou se entregar quando ele começar a ser projetado novamente. Afinal, os corpos físico e sutis ficam condicionados a repeti-lo continuamente. Ainda que você já tenha se conscientizado de que o filme não é real, o sentimento continuará sendo gerado.

Quando aquela pessoa consegue conter o impulso de brigar com o parceiro porque ele atendeu o celular longe dela e, mesmo se sentindo mal, consegue fazer a escolha de conversar de forma sensata, expondo seus sentimentos sem acusá-lo, ela dá um passo à frente no processo de se equilibrar. Caso ela não consiga conter os impulsos de suas memórias e acabe brigando com o parceiro, pode pedir desculpas e reconhecer sua parcela de responsabilidade. Nunca é tarde para sair do medo e se voltar para a verdade, mesmo que você "escorregue" em seu Eu Machucado. Leva tempo para que as energias sejam reorganizadas e as distorções corrigidas, e ainda mais tempo até que os circuitos do cérebro reprogramem suas memórias.

**Reflita:**
Que sentimentos suas feridas energéticas geram em você e que tipos de situações elas acarretam em sua vida?

## Estou em busca de amor ou de valorização?

Conforme apontamos anteriormente, os sentimentos desagradáveis, seguidos pela postura defensiva, e a tendência a ficar se justificando e culpando o outro ou a si mesmo são maneiras de o Eu Machucado agir para evitar a dor. Outras tendências podem se tornar mais difíceis de ser identificadas em nossa realidade, como aquelas ocultas citadas anteriormente, quando falamos sobre as polaridades, e é preciso ficar atentos para aos poucos desconstruir esses padrões dentro de nós. Veja alguns exemplos a seguir.

Uma energia desequilibrada sobre a qual já falamos é a da pessoa doadora demais. Enquanto a energia do egoísta é facilmente percebida como desagradável e condenada, a energia do doador demais é aparentemente agradável e até incentivada. As pessoas acreditam que precisam se sacrificar pelo outro e que se doar de forma ilimitada é algo admirável e nobre. Isso acaba estimulando a distorção energética e criando dinâmicas de relacionamento desequilibradas. É muito comum as pessoas se sentirem injustiçadas porque acham que doam demais e o parceiro não retribui à altura. As cobranças são um dos grandes problemas nos relacionamentos.

Quem cobra acha que merece aquilo que está cobrando e que o parceiro deveria fazer o que é esperado dele. Esse desequilíbrio é um dos mais danosos, pois no nível físico ele se disfarça de boas ações e boa vontade, criando energia de manipulação e controle sem percebermos.

O Eu Machucado é inseguro, por isso precisa se sentir aceito, importante e necessário – é o conjunto de nosso emocional, mental e espiritual distorcidos, que nos faz acreditar que precisamos do reconhecimento e da aprovação do outro para sermos bons. O impulso doador é puro quando fazemos sem esperar nada em troca. No entanto, quando nossas energias de insegurança precisam da validação de outras pessoas, a energia de doação se desequilibra.

Muitas vezes, os impulsos doadores estão misturados à necessidade de reconhecimento e aceitação, e até mesmo completamente tomados por ela. Isso não quer dizer que não devemos ser doadores. A natureza doadora pura, sem distorções para mais ou para menos, é realmente nobre e admirável. Mas devemos ter cuidado para não criar "lobos em pele de cordeiro", mascarando a necessidade de afirmação em forma de doação.

É simples reconhecer se nosso Eu Machucado está contaminando o aspecto doador: se nos sentimos muito decepcionados e até bravos quando a outra pessoa não reconhece nossos esforços, isso é um sinal.

Em um nível mais extremo, a ação doadora se torna até uma ferramenta para controlar as outras pessoas. Se nos doamos muito, fazendo tudo pelos outros, podemos começar a achar que é obrigação dos outros fazerem o que esperamos em sinal de gratidão. As outras pessoas, sentindo-se culpadas, acabam fazendo o que esperamos delas, por peso na consciência, medo de parecer ingratas e de nos decepcionar.

Tudo isso acontece de forma muito sutil e geralmente inconsciente. Quando detectamos algum sentimento estranho que pode estar indicando que há algo errado nas energias que nos impulsionam, nosso Eu Machucado trata de criar diversas justificativas para essas atitudes manipuladoras, geralmente usando um sentimento de vítima ou de herói como pano de fundo.

Se alguém nos disser que somos egoístas, provavelmente nos sentiremos ofendidos. Porém, se disserem que nos doamos demais, poderemos até nos sentir lisonjeados, quando na realidade tanto um caso quanto o outro são danosos. Assim como as polaridades distorcidas doador demais/egoísta, nos deparamos com muitos outros eixos de polaridades distorcidas, com os quais devemos redobrar a atenção. Se alguém nos chama de arrogantes, isso soa ofensivo, mas, se nos dizem que precisamos ser mais confiantes, ficamos com um sentimento de vítima, como se isso fosse humildade, quando na realidade expressa mais uma vez uma qualidade tão danosa quanto a arrogância. Nas relações e interações sociais, ambas as polaridades são igualmente prejudiciais, mas não conseguimos enxergar isso, pois nosso Eu Machucado se aproveita das polaridades desequilibradas disfarçadas de virtudes e sentimentos agradáveis.

Sabe aquele orgulho que nos faz inflar o peito e nos sentir superiores? É um sentimento do Eu Machucado. Mas, como ele é agradável de sentir, não acreditamos que possa ser nocivo e acabamos nos deixando estimular por ele. Quando alguém nos elogia, por exemplo, podemos nos sentir melhores que as outras pessoas e começar a agir movidos pelo desejo de ser elogiados. Muitas vezes, gostamos tanto desses sentimentos que acabamos nos viciando neles. A vida passa a ser uma busca contínua de experiências que possam nos proporcionar esses sentimentos agradáveis. A vida afetiva é um dos campos nos quais mais corremos o perigo de cair nesse vício. É muito comum acreditarmos que queremos viver um relacionamento por amor, quando na realidade o que nos move é a necessidade de nos sentir valorizados.

Não percebemos que muitas vezes estamos em busca daquele sentimento que nos faz inflar e nos sentir importantes – e não do amor, como acreditamos. Passamos a achar que somos felizes quando experimentamos intensos sentimentos agradáveis e infelizes quando sentimos tristeza. Começamos então até a distorcer nosso conceito de felicidade, condicionando-o à vida afetiva e à euforia. Passamos a criar cenários e situações em nossa vida que correspondam a essas expectativas ilusórias de felicidade. Como essa é uma situação construída em um conceito irreal, vamos negando cada vez mais a verdade e buscando somente aquilo que nos faz sentir bem. Assim como viciados em substâncias tóxicas que fazem mal ao corpo físico, nos viciamos em sentimentos distorcidos e tóxicos aos corpos sutis. Os dependentes químicos acreditam que só se sentem bem sob o efeito da droga. Nós acreditamos que só nos sentimos bem quando estamos vivendo o "amor".

O Eu Machucado vai distorcendo nossos sentimentos, percepções e conceitos sem notarmos. Podemos ficar tão viciados em nos sentir valorizados e validados que fazemos qualquer coisa para obter esses estímulos, mesmo que sejam ilusórios. Assim, nem percebemos que somos nós que criamos as condições para vivenciar relacionamentos frustrantes e cheios de mentiras, por exemplo. Para desarmar as energias desequilibradas, é preciso enfrentar as barreiras do orgulho, que fazem com que precisemos estar sempre certos e, portanto, justificando nossas ações de forma defensiva. É preciso estar atento para reconhecer o Eu Machucado, aceitá-lo, para que assim possamos acessá-lo e harmonizá-lo.

## O segundo passo para harmonizar sua vida afetiva: aceitar seu Eu Machucado

Após identificarmos nossos padrões distorcidos, precisamos dar o passo seguinte, que é trabalhar a aceitação de forma verdadeira, não só no âmbito racional, do pensar, mas principalmente no do sentir. Temos de assumir nossos 50% de responsabilidade nesses dois âmbitos. Podemos começar a treinar essa habilidade em todas as situações.

Quando começarmos a sentir o impulso de culpa, irritação ou qualquer outra qualidade negativa, vamos procurar enxergar a nossa parcela. Lembremos que responsabilidade é bem diferente de culpa, conforme já vimos. Enquanto a responsabilidade é equânime, meio a meio, a culpa representa o desequilíbrio dessa porcentagem.

Reconhecer nossa responsabilidade sobre nossos padrões significa aceitar sentimentos e aspectos desagradáveis de nós mesmos, como inveja, insegurança, orgulho, luxúria, necessidade de autoafirmação, entre outros, e isso não é nada fácil. Mas, se desejamos vivenciar o amor de verdade, é preciso reavaliar nossos sentimentos e conceitos, desintoxicando-os das energias distorcidas.

Ao começarmos essa transformação, nosso Eu Machucado começa a "gritar e espernear", tentando nos afastar da verdade.

Se resolvermos abrir mão da necessidade de ter um relacionamento, ao nos vermos sem um parceiro, pode bater um vazio enorme, uma sensação quase como a morte. Podemos sentir um aperto no coração, um medo, uma vontade de chorar. Parece que estamos acabando com o sonho e matando o amor, a coisa mais bonita e importante que existe dentro de nós. Tudo isso é a reação de medo do Eu Machucado. Sempre que fazemos um movimento para encontrá-lo e desmascará-lo, ele fica sabendo, afinal faz parte de nós. Assim, ele sempre tenta manipular nossa percepção, nossos pensamentos e sentimentos, de forma a nos despistar, tentando nos enganar com justificativas ou nos causar sentimentos tão desagradáveis que nos façam voltar ao padrão distorcido.

É preciso também aceitar o ponto onde estamos no momento. Se estamos sozinhos, é necessário aceitar o atual pacote "Não tenho um parceiro". Se estamos em um relacionamento problemático, temos de aceitar o pacote "Relacionamento complicado". Se estamos sofrendo por um término traumático, devemos aceitar o pacote "Luto e dor". Sem a aceitação, não temos como proceder à mudança, pois é preciso estar em contato com a realidade que desejamos modificar – e não fugir ou resistir a ela.

Sabemos que estamos ficando mais hábeis na capacidade de aceitação quando nos sentimos cada vez mais dispostos a identificar nossas energias distorcidas no dia a dia e encará-las sem julgamentos, vencendo o impulso quase que instintivo de buscar culpados para as situações desagradáveis e, em vez disso, focar nas soluções e nos aprendizados. Afinal a quantidade de irritação e drama que sentimos diante de uma situação é inversamente proporcional à compreensão e à aceitação.

O drama é outra armadilha do Eu Machucado, que gera sofrimento e nos paralisa, pois nos mantém retroalimentando as distorções. Perceberemos também a evolução de nossa autoaceitação quando os sentimentos de raiva, tristeza e revolta ao lidar com as situações que tocam nossos machucados sutis forem ficando mais suaves de maneira geral.

Ainda que o sentimento inicial diante da possibilidade de mudança seja desagradável, estamos nos curando de feridas sutis. Assim poderemos nos abrir para o amor verdadeiro, pleno e incondicional. Ele não depende de fatos ou acontecimentos externos, pois não é pautado pela ilusão.

E então, você está pronto para encarar seu Eu Machucado e buscar sua verdadeira realização afetiva?

Agora acesse a página www.personare.com.br/para-que-o-amor-aconteca, faça o exercício meditativo guiado e depois responda às perguntas abaixo:

- Você consegue identificar suas feridas sutis? Como percebe seu Eu Machucado?
- Você percebe alguma situação ou tipo de pessoa que costuma se repetir em sua vida?
- Como você percebe se a culpa está presente em sua vida? Em que situações ou áreas de sua vida ela fica mais evidente?
- Que sentimentos suas feridas energéticas geram em você e que tipos de situações elas acarretam em sua vida?

# 3
# COMO IDENTIFICAR O EU MACHUCADO

Como pudemos observar, o Eu Machucado é muito habilidoso em nos iludir. Portanto, para enfrentá-lo e harmonizá-lo, é preciso ter muita atenção para reconhecer quando estamos nos deixando levar por suas energias distorcidas, estejamos em um relacionamento ou não. A seguir você verá alguns sentimentos e comportamentos que indicam quando estamos agindo sob seu impulso. Alguns deles já foram abordados nos capítulos anteriores; outros você conseguirá identificar em relacionamentos que já viveu ou de pessoas que conhece e, mais à frente, nas histórias reais de Mara, Aline, Maria Izabel e Ana Carolina.

- Raiva e irritação ao lidar com o companheiro, com alguma situação e consigo. Não aceitação e resistência em aceitar a verdade. Ficamos esperando que as coisas sejam do jeito que desejamos.
- Orgulho, necessidade de estar sempre certo, considerando apenas o seu ponto de vista como correto. A necessidade

de controle e de se sentir seguro, assim como o medo da dor, faz o Eu Machucado impor suas opiniões e visões.

- Vontade de agredir, machucar o outro ou fazê-lo se sentir culpado. Como consequência da raiva e da não aceitação, tentamos punir o outro e descontar as frustrações que nós mesmos criamos.
- Querer tomar satisfação ou dizer como se sente, não no intuito de conciliar e esclarecer, mas de não se sentir por baixo ou de descarregar sua frustração no outro.
- Manipular e controlar o outro por pressão, intimidação e chantagem emocional. A necessidade de segurança faz com que usemos de coação e violência nos níveis sutis.
- Culpar o outro ou a si mesmo. A negação da responsabilidade pode levar à culpa, que nos mantém na fuga do confronto e da aceitação da situação.
- Brigas e desentendimentos desgastantes. Desentendimentos são naturais, desde que sejam conduzidos com verdade e não com julgamento, competição, controle ou manipulação.
- Esperar que o outro faça o que você quer. Achamos que o outro tem a obrigação de suprir os vícios de nosso Eu Machucado e esquecemos que ele tem sua própria verdade.
- Julgar o parceiro e não saber realmente se colocar no lugar dele, considerando que a personalidade, as atitudes e os valores dele são diferentes dos seus.
- Não esperar o momento apropriado e agir por impulso. Falar ou agir durante crises de raiva, manipulação, carência e baixa autoestima, sem esperar até que os sentimentos se estabilizem é um impulso do Eu Machucado.

- Abrir mão de si mesmo e viver em função do outro. Fazer de tudo pelo parceiro demonstra o vício na validação do outro e o medo de desagradar e de perder o parceiro.
- Ciúme e desconfiança, que demonstram baixa autoestima, insegurança e possíveis memórias negativas guardadas. Ficamos com medo de perder quem alimenta nosso Eu Machucado.
- Buscar a aceitação dos outros. A baixa autoestima e a falta de autoaceitação fazem com que busquemos a aceitação dos outros.
- Achar que precisa "salvar" o outro. Nós nos sentimos valiosos ao ajudar o outro a melhorar, mas esperamos que ele corresponda com reconhecimento e valorização.
- Acreditar que precisa de um parceiro, ou daquele parceiro, para ser feliz. A carência nos faz idealizar pessoas e relacionamentos.
- Energia de competição com o parceiro. Mostra necessidade de controle e insegurança. O parceiro serve como instrumento para provarmos nosso valor.
- Impulso de revidar e sentimentos de vingança. O orgulho decorrente da baixa autoestima gera a necessidade de afirmação e um certo tipo de competição em relação ao parceiro.
- Agir na defensiva, levar tudo para o lado pessoal e ficar se justificando. O Eu Machucado sempre cria desculpas racionais para manter nossos sentimentos e atitudes na ilusão.
- Não saber dizer não ou impor limites ao outro. O medo de perder a validação do parceiro e de ser rejeitados nos faz negligenciar nossa verdade.

- Esperar sempre o pior do outro. A tendência defensiva do Eu Machucado está sempre se preparando para o pior, valorizando o que há de ruim nas situações por medo.
- Medo de desagradar o outro, da desarmonia e do confronto. Demonstra insegurança e medo de rejeição. Não gostamos das reações do Eu Machucado do outro e evitamos confrontá-lo.
- Sentimentos de rejeição e/ou abandono. Mostram nossos machucados energéticos relacionados ao fato de não sabermos lidar com a falta de aceitação e acolhimento externos.
- Sentimentos de mágoa e ressentimento. Mostram falta de compreensão, não aceitação e falta de perdão. São gerados quando remoemos pensamentos e sentimentos negativos.
- Sentimentos de tristeza e decepção. A tristeza e a decepção fazem parte da vida, mas, se contrariamos o Eu Machucado, ele percebe isso como perda de controle e de segurança.
- Preguiça de resolver questões e de se aprofundar em seus sentimentos. O Eu Machucado nos faz acreditar que basta deixar as coisas acontecerem que elas se resolverão por si só.
- Acomodação na situação, que parece estar bem. O Eu Machucado cria zonas de conforto em que o mais importante é o bem-estar, ainda que seja superficial e ilusório.

**Reflita:**
Com quais desses sentimentos você se identifica?

Movidos por impulsos como os descritos anteriormente, embarcamos nas energias do Eu Machucado e construímos nossa vida buscando reconhecimento e valorização dos outros, pela necessidade de segurança e controle. Vamos sedimentando tijolinhos de ilusão nessa realidade artificial, criando um mundinho ilusório que se molda e se mescla à realidade, como uma máscara que disfarça e esconde aquilo que lhe parece desagradável. Construímos essa ilusão e desejamos que as pessoas e situações alimentem e fortaleçam esse cenário controlado e seguro, no qual queremos nos sentir sempre amados e aceitos.

### Estou caindo no padrão do controle?

Inconscientemente, buscamos um parceiro disposto a compartilhar nosso mundinho fictício. Mas ele, por sua vez, traz também o seu próprio mundinho. Os problemas começam a surgir à medida que os pontos de incompatibilidade desses dois mundinhos de controle e validação vão ficando mais perceptíveis. O Eu Machucado de ambos fica muito bravo, pois nenhum deles quer abrir mão do controle e da segurança. Cada um começa, então, a tentar impor sua ilusão, ao mesmo tempo em que a ilusão do outro de alguma forma lhe mostra a sua própria, lembrando-lhe das suas distorções. Isso é duplamente assustador – alguém tentando sobrepor nossa ilusão, tirando nosso controle e ao mesmo tempo nos lembrando de que não estamos vivendo a verdade.

O medo cresce e a luta fica mais intensa. Isso acontece na forma de brigas e conflitos, que se manifestam nos níveis da realidade física de forma declarada ou tácita, mas podem ocorrer apenas nos níveis sutis, por isso até passar despercebidos. Quando uma pessoa doadora demais espera que o parceiro retribua toda sua dedicação, e este, por sua vez, tenta se afastar dessa manipulação, isso pode se manifestar na forma de brigas e cobranças. Ou pode ser que o doador demais guarde para si suas expectativas, que não são ditas, mas ficam armazenadas no conjunto de emoções e pensamentos com o qual ele interage com o parceiro. Este, por sua vez, sente um incômodo, mas não identifica conscientemente a pressão do outro. É sempre importante lembrar que muitas vezes não percebemos essas dinâmicas de forma consciente. Só temos pistas pelos sentimentos que são gerados.

**Reflita:**
Você consegue enxergar os momentos em que age de forma doadora demais ou egoísta?
Qual deles é predominante em você? Como eles o prejudicam?

É comum não entendermos por que nos sentimos atraídos por certas pessoas que nos fazem sofrer tanto. Porém, de modo inconsciente, buscamos pares que nos tragam os aprendizados necessários, ou seja, que interajam com nossas ilusões mais intensas. Essas pessoas têm energias desequilibradas complementares às nossas, sejam na mesma polaridade, sejam na polaridade oposta. Por isso o sentimento de querer estar perto e de se relacionar, pois elas são efetivamente quem mais pode nos ajudar. Nosso conjunto físico, emocional, mental e espiritual chama por essas oportunidades de desmascarar o Eu Machucado, mesmo que isso muitas vezes signifique chamar eventos dolorosos. Se nossos padrões estão muito distorcidos e longe da verdade, eles serão estimulados pelas pessoas, pois precisam ser percebidos e harmonizados.

Os limites da verdade e da ilusão se misturam. A ferramenta para enxergar essas fronteiras são os nossos sentimentos, alguns deles listados no início do capítulo. Quando tais sentimentos vêm à tona, indicam que acessamos os limites entre a máscara de ilusão criada pelo Eu Machucado e a verdade. Em nossa mente, o Eu Machucado cria cenários terríveis, que nos desmotivam a enfrentar a situação. Até no nível físico acabamos criando situações que nos dão desculpas para não enfrentar a verdade.

Suponha que você decida terminar um relacionamento que está lhe fazendo mal. Você está a caminho de encontrar seu parceiro e de repente ele liga dizendo que vai viajar a trabalho e ficar uma semana fora. Ainda que você já esteja decidido, o medo de ficar só pode ser tão grande que acaba colocando-o em uma situação em que você não consegue terminar o relacionamento. Então você perde a coragem e adia a decisão.

Você pode estar desconfiado do parceiro, pressionando-o para saber se está lhe traindo, mas no nível sutil está com tanto medo de ter que terminar o relacionamento que a energia que interage com o parceiro transmite a seguinte mensagem: "Por favor, não me diga a verdade". Quando nosso parceiro mente, de alguma forma temos energias desequilibradas vinculadas à mentira dele, e vice-versa. Há uma reciprocidade energética, ainda que negativa e inconsciente.

É preciso ficar claro que a dor aguda e o sofrimento não são criados pelo fato real, mas pelos padrões desequilibrados do Eu Machucado que a situação desperta. A dor é proporcional ao grau de distorção de nossos pensamentos e sentimentos, ou seja, quanto mais longe estivermos da verdade, maior é a dor.

**Reflita:**
Qual o nível de dor presente em sua vida?

Uma criança pode sentir muito medo no primeiro dia de aula. O sentimento é real e intenso, porém a situação que a aguarda não é motivo de medo. A insegurança da criança, o medo do desconhecido a fazem rejeitar a escola e desejar voltar para casa com a mãe. Quando a criança ficar na escola, terá de enfrentar seu medo e provavelmente se sentirá incomodada durante algum tempo, mas logo se acostumará com o novo ambiente e com as pessoas. E poderá gostar tanto que depois de um tempo até peça para ficar mais na escola. Nosso medo de enfrentar a realidade é parecido. Os sentimentos, como raiva, culpa, negação, carência, teimosia, são muito reais e intensos. Tão fortes que geralmente nos entregamos a eles e não os enfrentamos. Quando começamos a nos conscientizar e a acessar a verdade por trás da ilusão, a princípio isso pode ser doloroso e desagradável. Mas, uma vez superado o medo, o sentimento é tão agradável que nos dá forças e vontade de romper novas barreiras de ilusão. Que tal então escolher a verdade?

## Será que fiz as melhores escolhas na minha vida afetiva?

A vida é uma sequência permanente de escolhas. Fazemos novas escolhas a cada segundo, e em nossa vida afetiva não é diferente. Quando deixamos que o Eu Machucado tome nossas decisões, elas vêm impregnadas de expectativa, medo, carência e de todos os outros sentimentos que já discutimos. Se nossa vida amorosa não está harmoniosa, muito provavelmente estamos deixando esse Eu que tem medo da dor fazer as escolhas. É preciso muita atenção e sinceridade para perceber qual é a real energia que motiva cada uma de nossas escolhas. Por exemplo, se dizemos ao parceiro: "Quero terminar esse relacionamento", no nível sutil a energia que nos motiva pode ser as mais diversas:

- "Porque tenho medo de me relacionar e aprofundar a relação. Não quero compromisso."
- "Porque quero que você sinta minha falta e venha correndo me implorar para voltar."
- "Para você ficar com medo de me perder."
- "Porque não quero lidar com essas questões que estão vindo à tona."
- "Porque realmente não amo você."

Esse é apenas um exemplo, mas essa diversidade de energias ocorre em todas as nossas escolhas, com nossas crenças, pensamentos, sentimentos. Às vezes temos várias delas misturadas, até mesmo contraditórias. É preciso exercitar a autopercepção e a sinceridade para sentir quais são as reais motivações de nossas escolhas e a intensidade de cada uma delas.

> **Reflita:**
> Em que momentos você percebe que seu Eu Machucado faz escolhas por você?

Ao fazer uma escolha, estamos também optando por um pacote de consequências, com seus aspectos positivos e negativos. Se uma pessoa quer ficar solteira, por exemplo, ela vai ter toda a liberdade de uma vida sem um parceiro, mas não terá os momentos de intimidade e cumplicidade da vida a dois. Por outro lado, a vida de casado vai lhe proporcionar essa intimidade, mas não a mesma liberdade que a vida de solteiro traria. Querer casar e manter a mesma liberdade da vida de solteiro, ou estar solteiro e querer ter a cumplicidade da vida de casado, é não assumir a realidade e não se comprometer consigo mesmo. Ao fazer isso, criamos energias contraditórias e confusas e atraímos experiências compatíveis com essas energias.

Alguns poderão argumentar: "Mas eu não escolhi estar só, queria ter um parceiro". Quando nossa situação aparentemente foge de nosso poder de decisão e não corresponde à nossa escolha consciente, na realidade é nossa escolha inconsciente que está se manifestando, pelo simples fato de estarmos vivenciando tal situação. Não há como negar o que está acontecendo como resultado de nossas próprias atitudes, pensamentos e sentimentos.

## O terceiro passo para harmonizar sua vida afetiva: interromper e redirecionar os impulsos distorcidos em suas escolhas

Após identificar e aceitar seus padrões distorcidos, é preciso mudar a qualidade de suas decisões, fazendo escolhas de maneira mais consciente e verdadeira, desmascarando os condicionamentos do Eu Machucado. Quando seus pensamentos, sentimentos e impulsos distorcidos começarem a entrar em ação, você treinará a habilidade de interrompê-los ou pelo menos filtrá-los ao máximo pelas lentes da verdade.

Segundo a neurocientista Jill Bolte Taylor, as sensações disparadas por nossas memórias duram pouco mais de um minuto e, após esse tempo, só persistem se continuarmos trazendo outras memórias com a mesma qualidade. Uma vez que o mal-estar tenha sido disparado, quanto mais rápido interrompermos as cadeias viciadas de memória, menos intensa e pesada a sensação desagradável se torna, e mais fácil é dissipá-la. Ao fazermos isso repetidas vezes, aos poucos vamos começando a mudar nossos padrões de memória, pensamentos e sentimentos, e o processo vai se tornando mais fácil e automático.

É importante lembrar que interromper os impulsos distorcidos é diferente de fugir deles ou negá-los. Quando um sentimento ou pensamento negativo é disparado e direcionamos nossa intenção no sentido de não querer sentir ou pensar nisso, não estamos no movimento de interrupção, e sim de negação e resistência. Se nossa intenção é trabalhada no sentimento e pensamento de aceitação, ela nos soa como: "Ok, estou sentindo e pensando de acordo com minhas memórias negativas. Porém neste momento escolho direcionar meus pensamentos e sentimentos de outra maneira, tal como..."

Vamos supor que você esteja triste porque seu relacionamento acabou, e sua mente esteja cheia de pensamentos como: *Por que será que não deu certo? Será que algum dia vou conseguir viver um relacionamento feliz?*, que pioram ainda mais a tristeza e a sensação de fracasso. Você pode querer interrompê-los e negá-los: *Não, não quero saber de tristeza, não vou pensar mais nisso.* Ou pode fazer essa interrupção e redirecioná-los, aceitando-os primeiramente: *Sim, estou bastante chateado porque a relação terminou. Porém essa foi uma grande lição afetiva. Tenho certeza de que, com esse aprendizado, estou mais próximo de um relacionamento mais harmonioso.* A diferença pode ser sutil, porém é crucial. Interromper e substituir atitudes, pensamentos e sentimentos negativos significa perceber padrões negativos, aceitar que eles ainda existem dentro de nós e, diante disso, fazer uma nova escolha, mais positiva.

No nível material, essa nova escolha se dá na mudança de atitude: se percebemos que estamos nos omitindo, procuramos nos manifestar. Se percebemos que nos manifestamos de forma agressiva, dosamos a maneira de impor nossos limites. Se estamos sendo muito distantes e pouco afetuosos, buscamos ser mais disponíveis e amorosos. Se nosso amor é tão intenso que sufocamos o outro, procuramos ser mais distantes. Buscamos equilibrar nossas energias dentro da lógica das polaridades. Porém é preciso ter atenção para não cair no extremo oposto. Por exemplo, quando fazemos força para sair de uma polaridade de passividade, podemos tender à agressividade.

De início, é normal não saber dosar quanto precisamos ser mais firmes sem exagerar e cair na polaridade oposta, e é normal levar um tempo até acertar a dosagem das energias que estamos buscando equilibrar.

O simples fato de tomarmos consciência da maneira como nossas memórias distorcidas estão nos levando a escolhas e resultados negativos já começa a desconstruir nossas distorções, e nosso esforço para harmonizá-las aprofunda essa mudança. É preciso ter perseverança e paciência para encarar esse contínuo processo de harmonização, realizado por etapas.

## Quando a harmonização está completa?

Imagine que temos à nossa frente uma enorme casa abandonada e suja, que precisamos limpar, reformar e deixar bonita. Ela ficou muito tempo acumulando aquilo com que não queríamos lidar, tudo aquilo que evitamos encarar. Esse é o primeiro desafio: entrar na casa e confrontar nossos medos, encarando todo o mistério e a obscuridade nela presentes. Digamos que lutamos com nosso medo e vencemos essa primeira resistência. Conseguimos então abrir a porta e entrar na casa. Agora precisamos andar dentro dela, iluminar todos os cômodos, vencendo o temor de enxergar o que está à nossa frente, limpar cada cantinho desse lugar, vencendo o medo a cada passo que damos.

Quando começamos a limpar, a sujeira pode se espalhar e nos dar a sensação de que está ficando mais sujo. Mas continuamos e, de pedacinho em pedacinho, iluminamos, limpamos e arrumamos. A cada passo que damos nos sentimos mais seguros e esperançosos, e a casa vai ficando mais clara e arrumada. Ainda assim, será preciso lidar com o medo ao abrir cada novo cômodo, suportar a poeira que sobe a cada nova limpeza.

Da mesma forma caminhamos em nossa vida, ao longo desse contínuo processo de autoconhecimento e harmonização. Cada passo representa um aprendizado, que dependerá da maneira como lidamos com cada situação e das memórias energéticas positivas ou negativas que conseguimos reverter.

Quando começamos a trabalhar um novo padrão, pode ser que nos sintamos mal, ou que algo lá fora aconteça e nos dê a impressão de que está tudo piorando. Porém é a própria energia distorcida que está sendo acessada e liberada. Vamos supor que você perceba que seu Eu Machucado o leva ao padrão doador demais, e que você tende a manipular e controlar o parceiro, tentando deixá-lo com a obrigação de retribuir seu esforço e sua dedicação. Digamos que, pelo fato de estar sempre com vontade e disponibilidade de fazer todas as atividades na companhia do parceiro, você crie a expectativa e a cobrança velada de que ele tenha a mesma disposição em relação a você. Pode ser muito desagradável reconhecer algo assim em nós mesmos e perceber que, na realidade, grande parte de nosso aborrecimento não é porque o parceiro não tem senso de companheirismo, mas porque criamos uma expectativa em relação a ele.

Uma vez que nos conscientizamos disso, podemos ser testados em diversas situações em que o parceiro se mostre ainda mais ausente. Então nos perguntamos: "Mas, se eu já me conscientizei, por que a situação está pior agora?" Somos testados a aplicar na prática nossa consciência e a alinhar nossas atitudes, pensamentos e sentimentos, até conseguirmos lidar efetivamente com a situação – não apenas racionalmente e da boca para fora, mas de maneira minimamente genuína dentro de nós. E sabemos que chegamos a esse ponto pela qualidade das respostas e situações que a vida nos traz.

É claro que isso não é alcançado em uma ou duas tentativas, mas ao longo de nossas experiências de vida. Isso é trabalhado de forma gradativa, de acordo com nossa habilidade de modificar nossos padrões. Se nos assustarmos com esses testes e não os aceitarmos, voltaremos ao medo e não nos permitiremos mudar. É preciso ter persistência para seguir em frente. As lições positivas acontecem através de conscientizações e mudanças de padrões. Aos poucos, vamos vencendo nossos medos e seguindo em nossa limpeza de padrões negativos.

Nossas distorções não são harmonizadas pontualmente, ou seja, não basta trabalhá-las e achar que já estamos harmonizados e completamente livres delas. Trata-se de um processo contínuo e permanente. Assim como estamos continuamente aprendendo e crescendo no nível físico, vamos também aprofundando e aprimorando o equilíbrio de nossos aspectos sutis.

Vamos supor que você já esteja bastante consciente e não caia mais no padrão de culpar os outros por sua infelicidade. Você harmonizou essa etapa da autorresponsabilização e já sabe que o outro não é responsável por sua dor. Pode ser que a tendência seguinte do Eu Machucado passe a ser culpar a si mesmo. O caminho mais fácil era culpar os outros. Uma vez que sua consciência não lhe permite mais cair nesse padrão, a próxima opção pode ser canalizar a culpa para si mesmo. Agora, digamos que você consiga trabalhar e harmonizar também essa etapa da tendência à culpa e não culpe mais aos outros ou a si mesmo. O próximo padrão pode ser o sentimento de cansaço e peso ao se responsabilizar, e assim por diante.

Pode parecer como se nossas energias distorcidas estivessem querendo nos sabotar. Mas não é algo pessoal, não estamos batalhando com alguém que quer nos fazer mal. Lembre-se: a energia é neutra e só incorporou essa qualidade porque nós a utilizamos de maneira desequilibrada. Logo, cabe a nós, mesmo que aos poucos, equilibrá-la novamente.

Os desafios são contínuos. A ideia de infinitude do processo de harmonização pode gerar um sentimento de peso e impotência, porém essa é apenas mais uma ilusão, pois, a cada etapa que nos equilibramos, o processo vai se tornando mais leve e fácil de ser vivenciado.

### Como você quer viver sua vida afetiva?

Podemos desejar que as coisas sejam diferentes, rezar, pedir que tudo mude e esperar – isso já é um começo. Mas é preciso ir além e fazer a nossa parte, enfrentando os desconfortos, identificando a realidade sutil por trás deles, aceitando as distorções e a situação em que nos encontramos, interrompendo os estímulos do Eu Machucado, fazendo novas escolhas – não só em nossas atitudes físicas, mas também nas emocionais, mentais e espirituais – e, finalmente, persistindo nas mudanças a cada nível de harmonização que está sendo trabalhado.

Você está pronto para fazer escolhas mais conscientes e verdadeiras? Nos próximos capítulos, Ana Carolina, Mara, Aline e Maria Izabel nos ajudarão a entender melhor algumas situações afetivas comuns a todos nós. Suas histórias vão suscitar reflexões acerca de nosso próprio Eu Machucado, para aprofundarmos a percepção sobre nossas feridas energéticas. Trabalharemos alguns dos temas mais abordados no Fórum de Histórias Reais do Personare. Ainda que você não esteja vivendo ou não tenha vivido algum deles, os capítulos trarão informações interessantes para todos aqueles que buscam maneiras de melhorar sua vida afetiva, independentemente de estarem ou não em um relacionamento amoroso.

Se você também quiser participar do Fórum Personare, acesse www.personare.com.br/para-que-o-amor-aconteca. Lá você encontra informações sobre como contar sua história, ler ou comentar o relato de outras pessoas. A troca de experiências é uma oportunidade de reflexão e autoconhecimento.

Agora reserve um tempo para fazer o exercício meditativo e depois responda às perguntas abaixo:

- Com quais desses sentimentos você se identifica? (Reveja a lista nas páginas 70-73.)
- Você consegue enxergar os momentos em que age de forma doadora demais ou egoísta? Qual deles é predominante em você? Como eles o prejudicam?
- Qual o nível de dor presente em sua vida?
- Em que momentos você percebe que seu Eu Machucado faz escolhas por você?

# 4
# COMO LIDAR COM A TRAIÇÃO?

Como grande parte das mulheres, Mara acreditava que o amor seria eterno. Cresceu se preparando para viver o amor e, quando se casou, focou sua vida no casamento. Para ela, tudo era perfeito, e mesmo os probleminhas corriqueiros eram superados amorosamente ao lado do marido. O nascimento de sua filha completou essa felicidade. Mara achava que já tinha conhecido o melhor sentimento. Após sete anos, descobriu-se portadora de uma doença crônica. Teve o apoio de todos a sua volta quando começou a fazer hemodiálise três vezes por semana, mas em casa logo surgiram problemas financeiros. Como Mara precisou parar de trabalhar por conta de seu problema de saúde, seu marido passou a realizar trabalhos extras nos horários de folga. Ela foi percebendo mudanças no olhar e nas atitudes do parceiro, que ficava cada vez mais ausente. Um dia, algo tocou na pasta de trabalho do marido e ela encontrou um celular. Ao ver a foto de outra mulher ali, na sua frente, o mundo de Mara desabou. Não adiantava mais negar, e então ele confessou que a estava traindo.

A traição é um dos eventos mais dolorosos que podem acontecer em uma relação afetiva. Seja qual for a posição da pessoa – a que traiu, a que foi traída ou a terceira pessoa do triângulo amoroso –, todos sofrem. É uma situação em que o Eu Machucado de todos os envolvidos constroem juntos uma trama de interações negativas. Não existem culpados e vítimas – todos são agentes, ainda que ativos ou passivos, pois cada um tem sua parcela de responsabilidade e de aprendizado nessa experiência. Apesar de muitos ficarem surpresos, a traição não é algo repentino, mas fruto de um processo ao longo do qual as oportunidades de aprendizado e harmonização não foram aproveitadas, por isso se acumulam na forma de padrões distorcidos. Geralmente essas distorções são as energias que modelamos negativamente em pequenas situações cotidianas, que a princípio parecem inofensivas, como deixar de falar as pequenas coisas que nos deixam chateados, ou, no outro extremo, criar briguinhas e acusar o parceiro por tudo, em vez de comunicar amorosamente como se sente. Como veremos na história de Mara, muitas vezes essas pequenas distorções só são percebidas quando eclodem de forma drástica, como numa traição.

Quando uma pessoa trai a outra, o que enxergamos é que essa pessoa faltou com a verdade em relação ao parceiro. Mas o simples fato de a traição se concretizar é prova de que a ilusão já vinha sendo construída internamente pelos parceiros. As traições se iniciam dentro de nós, quando não conseguimos perceber e lidar com a verdade. Mara cita em sua história que desde pequena acreditava nos amores para a vida toda. Seu marido também carregava esse sonho da união eterna. E foi isto que ambos construíram: uma família perfeita. Os pequenos contratempos da vida prática eram resolvidos em perfeita sintonia entre os dois. Entretanto, como será que as coisas aconteciam nos níveis emocional, mental e espiritual, ou seja, nos níveis sutis? Estariam eles se relacionando com base na verdade? Vamos voltar um pouquinho no tempo para entender melhor:

*Quando começou a perceber o relacionamento se desgastando após ter parado de trabalhar e iniciado o tratamento de hemodiálise por conta de sua doença crônica, Mara tentava comunicar ao marido sua insatisfação por ele estar tão distante. Mas, quando reclamava da ausência do parceiro, ele sempre se fazia de desentendido e se colocava como vítima, afirmando que não sabia o que estava acontecendo. Dizia que Mara deveria agradecer por ter um marido que vivia somente para o trabalho e para a família, dando conta sozinho dos gastos da casa, agora que ela não podia mais trabalhar em função da doença. Ela então se sentia culpada por mostrar incompreensão. Assim, passou a cuidar ainda melhor dele, nos poucos momentos em que podiam ficar juntos. Mas mesmo assim se via só, tendo agora de encarar todos os problemas sem o companheirismo do marido.*

A relação de Mara com o marido já não aparentava a harmonia de antes, e ela tentava se comunicar buscando preservar a perfeição do casamento, que estava se desfazendo. O marido, por sua vez, repelia essas tentativas, dizendo que não havia nada de errado. Quando algo nos incomoda, mas sabemos que, ao falarmos a verdade para o parceiro, ele vai ficar chateado ou irritado (porque estamos tocando o Eu Machucado dele), ficamos com medo, pois sua reação negativa, por sua vez, bem provavelmente tocaria nosso próprio Eu Machucado, nos fazendo sentir culpados ou rejeitados. O marido de Mara se negava a assumir que havia algo de errado, evitando encarar as questões que ela tentava trazer à tona.

## Lidando com a verdade

Muitas vezes, ficamos divididos entre a vontade de encarar a realidade e o medo e a culpa em relação a ela. Quando cedemos ao medo, acabamos fugindo da verdade. Ainda que bem lá no fundo sintamos um pequeno mal-estar, que mostra que estamos nos desrespeitando, criamos mil justificativas para nós mesmos, geralmente sob o argumento de que estamos fazendo o melhor para o relacionamento. De fato, em alguns momentos pode ser necessário se esforçar e até mesmo se sacrificar pela relação, mas desde que isso não vá contra nossa integridade.

Quando passamos por cima de nossa verdade em prol da relação, ainda que a intenção seja melhorar a situação, estamos justamente alimentando as distorções presentes dentro de nós, que acabam sendo projetadas na relação. Quando evitamos falar algo que nos incomoda no relacionamento, porque não queremos criar atrito, e "engolimos" essas pequenas negatividades, estamos alimentando a ilusão no relacionamento. Do mesmo modo, brigar e acusar o parceiro não só não resolve a questão como pode agravar as distorções na relação, criando mais feridas sutis.

Ao mesmo tempo, o parceiro também pode sentir seus incômodos e ter essas mesmas reações. Podemos ter duas pessoas que fogem do confronto com a verdade, duas que tendem a brigar por tudo, ou um parceiro que quer sempre brigar e o outro que tem a tendência oposta, a da fuga. Em todas essas situações, o relacionamento acontece de Eu Machucado para Eu Machucado.

No caso da omissão e da fuga do confronto, as pessoas têm medo de se magoar e magoar o outro, ou seja, de tocar o Eu Machucado de ambos. Imagine que seu parceiro é romântico e adora ficar grudado em você, mas, apesar de amá-lo, você não gosta desse grude. Você se sente desconfortável em expressar esse incômodo, com medo da atitude do outro. Perceba que o grande temor não decorre do receio de deixar o outro chateado, mas de ter de lidar com a possível reação negativa do parceiro, que, em vez de conversar e tentar chegar a um consenso, pode se sentir magoado. Ao ter que falar algo desagradável, tocamos o Eu Machucado do outro, que, por sua vez, responde tocando nosso Eu Machucado, gerando sentimentos como culpa, medo de ser rejeitado e de ter de encarar uma situação desagradável. O parceiro muitas vezes prefere não ouvir tal colocação, pois também não quer lidar com o sentimento desagradável de rejeição que seu Eu Machucado criaria ao ouvi-la. Perceba como isso cria uma dinâmica de fuga entre o casal e como, pouco a pouco, ela alimenta a ilusão no relacionamento. Para ser capaz de lidar com a verdade, é fundamental que você cuide primeiro de seu Eu Machucado. De outra forma, a dor o impedirá de ser verdadeiro e de seguir em frente, aprisionando-o em dinâmicas negativas.

As desconfianças de Mara aumentaram quando o olhar de seu marido ficou definitivamente frio. Ela notava que ele procurava motivos banais para iniciar discussões. Se estava em casa, só reclamava ou dormia o tempo todo. Não conversava mais com entusiasmo e não demonstrava mais interesse por ela ou pela filha. Mas com frequência lembrava a Mara que ela deveria agradecer por tê-lo em sua vida.

O marido de Mara evitava lidar com a verdade, mas deixava-a transparecer, comunicando como se sentia em relação ao casamento através de suas atitudes. A traição se inicia dentro de nós quando, com o intuito de viver a "felicidade", nos condicionamos para só enxergar e valorizar aquilo que há de bom em nós e nos outros e reprimimos nossos "defeitos" (energias distorcidas do Eu Machucado), ao mesmo tempo em que preferimos, declarada ou resignadamente, ignorar os "defeitos" dos outros.

O marido não admitia haver algo de errado, e Mara, mesmo diante de tantos indícios negativos, se deixava levar pelo sentimento de culpa. De modo inconsciente, a culpa era uma forma de manter o casamento, pois, caso ela insistisse nos indícios negativos, sabia que teria de enfrentar a verdade e pôr em risco a continuidade da relação.

Ainda que de forma inocente e bem-intencionada, traímos a nós mesmos e ao outro quando faltamos com a verdade. Essa falta, por sua vez, tem origem no fato de não estarmos atentos e conscientes de nossas próprias atitudes, emoções e pensamentos.

*Dois anos se passaram desde que Mara começou a notar as primeiras mudanças no parceiro. Mesmo diante das evidências, ele se defendia dizendo que era "coisa da cabeça dela". Ela, por sua vez, observava as atitudes dele na tentativa de entender o que estava acontecendo. Mara não queria deixar morrer o que tinha de mais bonito em sua vida: a família e o amor que sentia. Decidiu, então, dizer ao marido que procuraria ajuda psicológica para ambos. Surpreso, pareceu que ele diria a verdade, mas hesitou.*

Ainda que Mara pressionasse o marido para que ele contasse o que estava acontecendo, como será que ela estava trabalhando sua disposição para aceitar a realidade? Como ela estaria lidando com os fatos que vinham se apresentando até aquele momento, através das atitudes do marido? Precisamos nos treinar continuamente para lidar com a verdade, tanto internamente quanto externamente, e exercer vigilância permanente para não deixar, de maneira inconsciente, nossas escolhas e atitudes a cargo do Eu Machucado. Se não estivermos preparados para ouvir e falar a verdade, vamos criando ilusões que nos protegem do confronto e nos cegam para o óbvio.

É essencial saber ser sincero consigo mesmo, assim como ouvir o que o parceiro tem a dizer. Se você se deixar levar por suas resistências, inibirá o outro de dizer a verdade e alimentará a ilusão. É preciso criar um ambiente propício para que o outro possa revelar seus sentimentos. Isso não é feito apenas com atitudes e palavras, mas com a legitimidade dos sentimentos e pensamentos que carregamos. Não adianta pensar e falar para o parceiro que você está aberto para ouvi-lo, se seus sentimentos e anseios comunicarem o oposto. Ainda que, no nível físico, você pareça estar aberto para a verdade, passará em sua interação sutil uma intenção contraditória.

Por outro lado, precisamos aprender a falar o que efetivamente se passa dentro de nós e nos preparar para a reação do Eu Machucado do outro. Se o parceiro reagir de forma negativa, não podemos nos deixar levar pelos sentimentos que essa reação nos gera, como raiva, rejeição, baixa autoestima ou qualquer outro sentimento negativo. Sabemos que estamos lidando com questões bastante delicadas. Portanto, o cuidado com a maneira como nos comunicamos deve ser redobrado, não só nas palavras, mas na real intenção que colocamos por trás delas, assim como no referencial que passamos em nossas afirmações. Por exemplo, falar sobre como nos sentimos diante de certas atitudes do outro é diferente de julgá-lo, criticá-lo ou responsabilizá-lo por nossa infelicidade. O referencial continua em nós mesmos, e não criamos culpa para o outro. Assumimos nossa fragilidade e sinalizamos que o parceiro está "pondo o dedo na ferida", de maneira a conscientizá-lo sobre suas atitudes, e não responsabilizá-lo por nossa dor.

Muitas vezes, falamos ao parceiro que está tudo bem, mas não é isso que efetivamente se passa em nossos pensamentos, sentimentos e atitudes. Se vamos encostar o dedo no machucado do outro, é melhor que seja de modo firme e decidido, porém amoroso e delicado. Inicialmente, colocar a verdade na mesa pode ser um tanto estranho e desagradável, porém é como colocar o remédio no machucado: a dor é de cura.

*Quando a verdade veio à tona e a traição do marido se confirmou, Mara ainda teve mais surpresas: percebeu outro lado de seu marido, que se transformara em um homem frio, de olhar endurecido e sorriso irônico. Para ela, era como conhecer outra pessoa, muito diferente de tudo que ele havia demonstrado durante tantos anos de casamento. Além de já não negar que tinha uma amante, ele passou a ter um comportamento ainda pior em relação a ela e à filha. Mantinha um ar de desprezo, não atendia mais as ligações delas, mas achava que elas deveriam atendê-lo sempre, e queria saber tudo que Mara fazia durante o dia, com medo de que ela fosse atrás da outra mulher. Ele não dormia todas as noites em casa, mas Mara tinha que deixar o almoço pronto para ele levar para o trabalho. Não ia embora de casa e dizia que não sabia o que fazer, já que tinha de cuidar da esposa doente, mas que sua vontade era arriscar uma nova vida com a moça com quem estava envolvido.*

No momento em que a verdade veio à tona, o marido de Mara pôde deixar transparecer aquilo que vinha representando dentro de si. A máscara de ilusão que o casal mantinha já estava rachada e agora finalmente começava a cair. Ele não mudou de um dia para o outro, mas se libertou das ilusões que o obrigavam a agir de maneira que não condizia com sua realidade interna naquele momento. A ilusão demonstra o apego de Mara à imagem do casamento feliz que um dia tivera. O marido deixou claro que se sentia dividido porque, acima de tudo, sentia-se grato por tudo que Mara lhe havia proporcionado. Por isso, sentia-se também obrigado a cuidar dela e da família, ainda que a seu modo, mas seu real desejo era viver com a nova mulher com quem vinha se relacionando.

No processo de busca da verdade, temos que estar dispostos a abrir mão de nossas ilusões, além de encarar nossos medos e aspectos mais "feios", os sentimentos que consideramos mais assustadores e até mesmo sórdidos, como aqueles que Mara constatou em seu marido. Aparentemente, ele se comportara de maneira desonesta, desleal, rude e egoísta. Mas que aspectos de Mara estariam atrelados a essas atitudes do marido, levando-a a vivenciar essa situação? Como será que ela agia, nos níveis sutis, consigo mesma?

Na realidade, os sentimentos de confusão e dúvida e a falta de habilidade para lidar com a situação vinham sendo acumulados ao longo dos acontecimentos e mantidos "debaixo do tapete". Uma vez que o tapete foi retirado, a sujeira que estava oculta veio à tona. Ainda que os aspectos desagradáveis tenham se mostrado através de seu parceiro, de algum modo Mara também estava ali, vivenciando-os, portanto essas energias também faziam parte de seus próprios desequilíbrios. É preciso domar o orgulho e a necessidade de estar sempre certos (e o outro errado) e de enxergar a situação apenas pela nossa perspectiva.

**Reflita:**
Até que ponto você está efetivamente em contato com a sua verdade e a verdade do seu relacionamento?

Vivemos em um mundo que condena e julga como incorretos certos sentimentos e atitudes, como inveja, raiva, cobiça, luxúria, manipulação etc. Mas esquecemos que, como seres humanos, todos nós contemos um "pacote" de aspectos positivos e negativos. Claro que não é saudável alimentar sentimentos negativos, mas podemos aprender a usá-los como indicadores para monitorar nossas distorções.

Os sentimentos tidos como incorretos e feios nos ajudam a perceber quando determinadas energias precisam ser harmonizadas. Portanto, até os sentimentos que mais condenamos podem ser ferramentas de autodesenvolvimento, e temos a escolha de assim utilizá-los. Tudo depende do modo como escolhemos direcionar esses sentimentos ou situações. Não é errado sentir emoções negativas; elas fazem parte de todos nós, como seres humanos em aprendizado. O que define nosso grau de desenvolvimento e evolução é a maneira como lidamos com elas. Negá-las ou alimentá-las com mais negatividade agrava nosso Eu Machucado, enquanto olhar para a verdadeira causa do sentimento harmoniza a distorção por trás dele, transformando a dor em equilíbrio.

A situação de traição pode não ser ideal, mas faz parte do caminho de certos aprendizados, e não cabe a nós julgar o que é certo ou errado. É uma maneira, ainda que desagradável, de aprender. Não podemos julgar as outras pessoas. Não temos o mesmo conjunto energético que elas e não podemos saber como é estar na pele delas, viver a vida da mesma maneira que elas. É muito fácil julgar os outros, e até nós mesmos, porque o julgamento é sempre superficial e parcial. Não há como compreender, através dele, o que efetivamente se passa dentro de cada um de nós, pois o ato de julgar é incompatível com a verdade e com o amor.

Nenhuma pessoa equilibrada se colocaria em uma situação tão dolorosa como a traição. Nosso Eu Machucado, carregando nossas crenças, pensamentos, emoções e atitudes distorcidas, nos leva a acreditar que estamos fazendo algo que vai nos trazer mais felicidade, quando na realidade caminhamos para a dor. Por isso o trabalho de autoconhecimento se faz tão importante, pois nos ajuda a detectar o que efetivamente está acontecendo dentro e fora de nós. Ao longo deste capítulo, vamos destrinchar algumas das energias que permeiam cada uma das posições envolvidas na traição, para ampliar nossa visão sobre essa situação. Todas as pessoas envolvidas na traição têm seus aprendizados. Cada caso é único e contém uma combinação exclusiva de aspectos e padrões em suas interações. Essas particularidades dão os detalhes de cada cenário e fornecem pistas mais específicas sobre o tipo de desequilíbrio que está por trás de cada situação.

A interação entre as distorções das pessoas envolvidas constrói a traição até o ponto em que cada uma delas perceba seus próprios desequilíbrios e supere-os. Ainda que seja uma experiência extremamente dolorosa, é uma grande chance de aprendizado. Podemos nos manter nesse foco positivo se assim escolhermos. Não é fácil, afinal só mesmo com muita perseverança e força de vontade é possível enxergar a traição de outra maneira e alcançar o amor verdadeiro.

## Fui traído, e agora?

Diferentemente de Mara, que manteve uma atitude mais discreta diante da traição do marido, quando somos traídos geralmente agimos como vítimas, nos deixando dominar pela raiva, mágoa e revolta. Sendo uma situação delicada e bastante carregada de dor, tendemos também a nos deixar levar pela culpa, seja ao acusar o outro ou a nós mesmos, buscando os erros e os porquês. É positivo buscar os motivos que levaram a essa situação, mas sem focar em erros ou culpas, e sim no aprendizado. Perceba que a diferença pode parecer sutil, mas na essência é enorme. Culpa tem a ver com vitimização e é completamente diferente da vontade de aprender, que tem a ver com responsabilidade.

Os impulsos de raiva e de vítima podem, por exemplo, nos levar a sair contando aos quatro ventos a injustiça que sofremos, deixando as outras pessoas com tanta raiva do parceiro traidor quanto nós. Queremos que as pessoas validem nosso sofrimento, se compadeçam de nossa situação e nos digam que estamos certos e o outro errado. Porém, não nos esforçamos do mesmo modo para procurar nossa parcela de responsabilidade na situação, para buscar a verdade por trás dela e muito menos para expô-la aos outros.

**Reflita:**
Como você lida com a culpa, seja em relação a si mesmo ou ao outro?

Procurar solidariedade e apoio das pessoas é natural quando estamos sofrendo, mas despejar nelas nossa dor e contaminá-las com nossa raiva não é saudável, nem para nós mesmos nem para os outros. Exigir, mesmo que sutilmente, que as pessoas próximas tomem nosso partido é alimentar ainda mais a ilusão nessa situação já tão distorcida. Esse é um movimento de nosso Eu Machucado para nos manter cegos à verdade e ao aprendizado, através da validação de nossa ilusão pelos outros. Em vez disso, podemos escolher manter o foco no aprendizado, ainda que sentimentos como raiva, culpa e vitimização sejam sufocantes. Esse é um passo que pode ser muito difícil. Somente com muita coragem e amor-próprio seremos mais fortes que o Eu Machucado. Mantendo o foco com persistência na verdade, podemos vivenciar a situação de maneira muito mais leve.

É preciso ter muita paciência e cuidado com os rumos dos nossos pensamentos para que eles não nos afoguem cada vez mais na negatividade, pois a tendência do Eu Machucado é trazer mais dor à tona. O evento dolorido dispara memórias distorcidas, que por sua vez disparam outras com a mesma qualidade. Quando nos lembramos de algo desagradável, essa memória parece puxar outro aspecto negativo, que puxa outro, e assim por diante, criando uma corrente de pensamentos negativos. Se não prestarmos atenção, em poucos minutos ficaremos tão pesados e pessimistas que se tornará difícil interromper a sequência de pensamentos e sentimentos desagradáveis. Isso pode nos deixar tão exaustos e assustados que acabamos ficando aprisionados na negatividade. Dessa forma, não enfrentamos a situação, acumulando ainda mais dor.

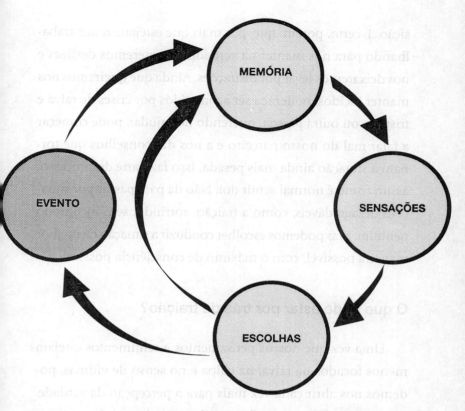

Perceba o ponto de escolha, seja ela consciente ou inconsciente, pelo qual direcionamos nosso próximo pensamento (relacionado à memória) e/ou os eventos em nossa vida. Quando nos mantemos na mesma qualidade de escolha, geramos um "curto-circuito" nos pensamentos e eventos, criando padrões repetitivos.

Ter sentimentos desagradáveis após uma traição é mais do que natural. Porém, não é saudável negá-los ou focar neles. Emoções e sensações negativas fazem parte de nossa experiência, mas *sempre* temos a escolha de alimentá-las, ignorá-las ou aceitá-las e superá-las. Essa escolha está *sempre* à nossa disposição. É certo, porém, que, por mais que estejamos nos trabalhando para nos manter na verdade, cometeremos deslizes e nos deixaremos levar por distrações. Ainda que queiramos nos manter lúcidos, podemos ser acometidos por crises de raiva e tristeza, ou outra pessoa, querendo nos ajudar, pode começar a falar mal do nosso parceiro e a nos dar conselhos que tornam a situação ainda mais pesada. Isso faz parte do processo, assim como é normal sentir dor. Não dá para passar por situações desagradáveis, como a traição, sorrindo, sem incômodo nenhum. Mas podemos escolher conduzir a situação da melhor maneira possível, com o máximo de consciência possível.

### O que pode estar por trás da traição?

Uma vez que nossos pensamentos e sentimentos estejam menos focados na raiva, na culpa e no senso de vítimas, podemos nos abrir cada vez mais para a percepção da verdade. Partimos então para a reflexão sobre o real caminho que nos trouxe até essa situação. Começamos a perceber a realidade sutil e suas interações. O resultado nos fornece pistas do caminho da traição: o lado passivo, que foi traído, sugere a energia de passividade; o outro fez algo que nos agrediu. Entretanto, fomos nós que nos deixamos ser agredidos, ainda que inconscientemente. Por quê? Que padrões de nosso Eu Machucado estavam atuando e acabaram permitindo essa agressão? Que ilusão nosso Eu Machucado vinha alimentando e que verdade vinha tentando mascarar?

*Antes de descobrir a traição, Mara já não tinha dúvidas de que seu casamento não era mais o mesmo. Mas não queria acreditar que o relacionamento tinha acabado, tentava entender como poderia melhorar para não deixar morrer o que havia de mais bonito em sua vida: a família e o amor que nutria pelo marido. Assim, mesmo sofrendo após a descoberta da traição, Mara acreditou que havia uma chance de reverter a situação, enquanto o marido não se decidia a sair de casa. Na esperança de tê-lo de volta, ela redobrou sua paciência e tolerância, procurando escutá-lo e ser compreensiva com a crise que estava acontecendo.*

O Eu Machucado muitas vezes desperta a necessidade, em vez de apenas a vontade, de ter um parceiro para nos sentir felizes. Pelo medo de perdê-lo, podemos agir de modo muito passivo, por exemplo. Acabamos permitindo, assim, que o parceiro aja de maneira demasiadamente invasiva, dominadora e até mesmo agressiva, seja no nível físico ou apenas no sutil. Ainda que as ações e as palavras da pessoa amada lhe pareçam doces e carinhosas, pode haver manipulação e abuso emocional. Algumas pessoas conseguem dominar e manipular outras de modo extremamente delicado. Imagine uma pessoa que tem problemas de alcoolismo, que diz ao parceiro que ele é seu ponto de equilíbrio e que precisa dele em sua vida, pois de outro modo poderá se perder no vício. O parceiro se sente responsável por ela, seu Eu Machucado gosta de se sentir necessário, apesar do sofrimento implícito na relação, e se sente culpado em não ajudá-la e apoiá-la. Assim, continua ao lado da pessoa, mesmo que ela o agrida, seja no nível verbal, emocional e até físico. Ao ouvir a pessoa dizer que reconhece seus problemas, que quer mudar e pedir ajuda, o parceiro continua ao lado dela, aguentando todos os abusos.

Outro exemplo de abuso sutil pode surgir quando uma pessoa se ressente porque deixa de fazer algo que realmente gostaria de fazer, desde pequenas coisas, como assistir a um programa na TV de que o outro não gosta, até deixar de aproveitar uma grande oportunidade, como um trabalho ou uma viagem. Ela pode alegar que fez isso por amor ao parceiro, mas acaba cobrando, ainda que de forma indireta, que o outro reconheça esse esforço e o retribua, usando isso como instrumento de manipulação. Nas interações sutis, um Eu Machucado desse tipo encontra brecha para fazer o que quiser, pois percebe o medo que a outra pessoa tem de parecer ingrato ou de perdê-lo e usa isso para se resguardar, ou transforma a situação em peso e culpa. A pessoa que abriu mão do que desejava usa isso como desculpa para suas atitudes ou joga sua frustração no outro, como se o parceiro estivesse em dívida com ela.

Esses tipos de dinâmica geram situações de abuso e podem levar, entre outras coisas, à traição. O parceiro que invade os limites do outro, no papel de quem abusa, pode, por exemplo, acabar traindo a outra pessoa, ao perceber a passividade dela. Ou o parceiro que sofre o abuso pode se sentir tão oprimido que busca um alívio em outro alguém.

Mara preferia se submeter às exigências do marido, como ter de fazer a comida dele todos os dias, mesmo enquanto ele a tratava de forma indiferente e dormia fora com outra mulher. Ele, por sua vez, percebendo que Mara não se opunha, continuava exigindo cada vez mais dela. Mesmo depois que a verdade foi revelada, parte dela continuava negando-a. Mas a verdade era irreversível, pois, mesmo que quisesse, Mara não conseguiria enxergar as coisas como antes. Detalhes que ela antes não percebia, como roupas escondidas no carro, as horas intermináveis de trabalho extra e a falta de tempo para ela e para a filha, foram ficando mais claros. Atitudes cujo motivo ela antes não entendia agora passavam a ser compreendidas.

Mara agia de forma desconfiada, mas, ainda que o marido temesse que ela procurasse sua amante e criasse algum tipo de situação desconfortável, ela nunca o fez. Entretanto, ao contrário da atitude dela, o medo da perda pode nos tornar obsessivos pelo parceiro, vigiando-o e cercando-o com desconfiança doentia. Isso pode ficar nítido no nível físico, quando, por exemplo, temos atitudes como espionar o celular e o *e-mail* do parceiro, ou pode acontecer apenas no nível sutil, na forma de interações de sentimentos e pensamentos, conscientes e inconscientes. Quantas vezes não ficamos remoendo a raiva, o ciúme e a desconfiança, mas guardamos esses sentimentos para nós e continuamos a agir como se nada estivesse acontecendo?

Quando Mara estava sendo solícita, compreensiva e tolerante, talvez esses sentimentos – a princípio bastante pacíficos quando observados no nível físico – estivessem, nos níveis sutis, buscando em seu marido, como tentáculos, algo que ele não estava mais disposto a ser e a oferecer. Mara diz que sentia que ele havia erguido um muro entre os dois, e parecia que nada do que ela fizesse ou falasse possibilitaria encontrar vestígios da pessoa que ele era antes. Em situações mais extremas, nossas energias ficam parecidas com um polvo, cheias de tentáculos invisíveis tentando controlar e segurar o parceiro, que não identifica de maneira consciente esse ataque sutil, imperceptível na realidade material de nossa convivência, mas, inconscientemente, ele pode ter vontade de ficar afastado de nós e até de buscar outra pessoa, que lhe traga mais bem-estar no relacionamento.

### Verdade e ilusão

As situações mais comuns são aquelas em que é mais difícil detectar o Eu Machucado. Geralmente ele age movido pelo vício do "amor" e, lá no fundo, nos faz acreditar que nossa felicidade depende do parceiro e que por isso precisamos dele. Podemos efetivamente amá-lo, mas nosso Eu Machucado mistura a esse amor verdadeiro o amor ilusório, baseado na necessidade e na dependência. Por isso fica mais difícil perceber a energia negativa, porque ela se mistura à energia positiva do amor verdadeiro. Esses limites entre verdade e ilusão são muito sutis, e para percebê-los é preciso desenvolver o autoconhecimento e a autopercepção.

Não percebemos que o Eu Machucado, em sua insegurança e necessidade de manter o parceiro, vai nos fazendo mudar nossa vida e nossa maneira de ser, em função dessa sede de "amor" e do medo de perder a pessoa amada. Vamos deixando de ser quem realmente somos e nos moldando ao parceiro. Direcionamos todas as nossas energias para ele, e de certa forma até perdemos a identidade. Sutilmente jogamos sobre o parceiro a responsabilidade por nossa felicidade, criando uma prisão energética para o outro.

Na ilusão do Eu Machucado, o parceiro tem de nos fazer felizes, reconhecer nossa dedicação e "amor" e responder à altura. No nível físico, a pessoa amada não detecta nada de errado; muito pelo contrário, vê apenas aspectos positivos em relação a nós – dedicação, zelo, carinho –, por isso não percebe conscientemente a energia muito sutil de controle que criamos, também inconscientemente, sobre ela. Mas seu conjunto energético sente e reage, e instintivamente pode, por exemplo, não sentir mais tanta vontade de estar junto e começar a se abrir para pessoas com energias mais agradáveis a ela.

O sentimento dela por nós pode começar a diminuir, pois nosso Eu Machucado já não atende mais às necessidades do Eu Machucado dela. A pessoa nem sabe por que isso está acontecendo. Ela pode até nem perceber que seus sentimentos estão ficando diferentes e esfriando, pois muitas vezes as pessoas têm tanta dificuldade de lidar com as próprias emoções que nem conseguem reconhecê-las. Íntima e inconscientemente, ela anseia por liberdade, embora racionalmente não perceba isso. Pode então encontrar a liberdade desejada em outra pessoa e a princípio nem compreender por que se sente tão atraída por ela, pois, em sua percepção, seu relacionamento oficial é perfeito. Isso gera sentimentos contraditórios e, pelo fato de a pessoa não saber lidar com essas delicadas situações emocionais, sente-se confusa.

Assim, inconsciente da verdade por trás da situação, nosso parceiro pode escolher se deixar levar pela intensidade da atração e do bem-estar que a outra pessoa lhe provoca e acabar nos traindo. Perceba como a falta de consciência acerca de nossos sentimentos pode nos levar a situações arriscadas.

> **Reflita:**
> Você compreende e está consciente de suas emoções?

São inúmeras as possibilidades de dinâmicas energéticas que podem desencadear uma situação de traição em nosso relacionamento. Cabe a nós exercitar a capacidade de perceber essas dinâmicas dentro e fora de nós, aprimorando nossa maneira de lidar com as situações e nos possibilitando curar nossas feridas emocionais, mentais e espirituais. Não adianta ficar desejando que a traição não tivesse acontecido, pois a energia negativa estava latente e se manifestaria nesse ou em outro momento ou situação. Uma pergunta que nos atormenta quando somos traídos é: "Por que ele(a) fez isso comigo?" Mara ainda se pergunta se o ex-marido sempre foi a pessoa que se mostrou após a traição e ela é que não tinha percebido.

Mas buscar apenas as razões externas da situação nos esclarece o caminho superficial de como as coisas aconteceram, mas não o cerne, a fonte da questão. É como delinear os sintomas de uma doença sem buscar as causas. Não adianta apenas saber o que aconteceu e não nos aprofundar, tentando perceber a energia que nos fez chegar até ali e nos conduziu por aquele caminho. Ficar nos remoendo sobre o dia em que o outro nos traiu, sobre a circunstância em que aconteceu, questionando se a pessoa com quem ele esteve é mais feia ou mais bonita que nós, só nos prende à análise dos sintomas e nos distrai, fazendo com que não prestemos atenção no mais importante: as causas que estão dentro de nós e que levaram a esse resultado. Muitas vezes o Eu Machucado, na tentativa de nos afastar da verdade, nos faz ficar focados e aprisionados em detalhes e sentimentos negativos. Nessa fuga, alimentamos a raiva e a mágoa pelo outro e negamos nossa parcela de responsabilidade sobre a situação.

Podemos criar todas as desculpas e culpas que desejarmos. Elas poderão constituir argumentos extremamente bem embasados racionalmente, mas não nos levarão ao mais importante: a verdade. Que atitudes, sentimentos e pensamentos nos levaram ao caminho da traição? Conseguimos identificar alguns daqueles sentimentos do Eu Machucado nessa situação? Que padrões distorcidos em nós estão interagindo com o outro e contribuíram para que a situação se desenrolasse dessa maneira?

### Libertando-nos das ilusões

*Um dia, Mara viu no hospital, durante a hemodiálise, uma senhora que precisou amputar as pernas. Isso a fez pensar no que ela já tinha vivido, se pelo menos teria amado e sido amada. Ou será que teria renunciado ao amor por causa da família? Naquele momento, ela entendeu que seu marido amava outra pessoa e não estava vivendo o que era de sua vontade, porque se sentia na obrigação de estar ao lado de Mara, por conta da doença. Depois de refletir, ela decidiu que preferia vê-lo feliz com outra a vê-lo infeliz com ela, o que também fazia a filha deles sofrer. Mara, então, pediu que o marido fosse embora. Disse que estaria sempre presente, pois seu amor era verdadeiro e eterno, mas que agora seria diferente, um amor de mãe, de amiga, de irmã ou qualquer outro, exceto de mulher. Ele poderia contar com ela sempre, pois ela honraria tudo aquilo que tinham vivido juntos.*

Mara deu um grande passo para se libertar das ilusões e se voltar para a verdade. Reconheceu o que efetivamente estava acontecendo. Percebeu e aceitou a realidade de que estava tentando reavivar algo que já se havia extinguido. Foi um passo difícil e muito importante, mas, em nosso contínuo processo de aprendizado, não basta nos conscientizar, aceitar e tomar as decisões no nível físico. É preciso ir mais fundo, sempre buscando as reais motivações por trás de nossas escolhas, percebendo o conjunto de emoções, pensamentos e crenças que impulsionam nossas ações.

### Reflita:
Suas atitudes refletem seus verdadeiros sentimentos e pensamentos?

Por mais que tenha feito sua escolha e trabalhado a situação no nível físico, decidindo-se pela separação, Mara deixou para resolver posteriormente outras questões que deveriam ser trabalhadas internamente, pois diz: "Dei o primeiro passo, muitas vezes sofrendo calada, com muita coisa guardada no coração, mas o deixo fechado para não atrapalhar todas as mudanças que começaram a acontecer desde então". Quantas vezes tomamos decisões, mas não ficamos em paz com elas, mesmo sabendo que fizemos o melhor?

Em nossa jornada de superações, é preciso caminhar de acordo com nossa capacidade de nos desapegar da ilusão e de aceitar a verdade. Não dá para mudar nosso padrão energético de um dia para o outro, nos livrando do Eu Machucado de uma vez. O importante é que, ainda que estejamos agindo movidos por padrões distorcidos – por exemplo, tomando decisões centradas no outro ou na ilusão de um relacionamento perfeito –, façamos isso de modo consciente, respeitando nossos limites.

Começamos a trabalhar algo no nível físico, mas, se não acabarmos o que começamos, deixaremos a questão mal resolvida dentro de nós, acreditando que, uma vez solucionada a situação lá fora, estará solucionada também dentro de nós. A atitude de Mara representa uma grande oportunidade de aprendizado. Resolver a situação no plano físico é um passo, mas, para estar na verdade, é preciso resolvê-la integralmente, ou seja, também dentro de nós. Muitas vezes, terminamos um relacionamento no nível físico, mas será que nos desapegamos dele também nos níveis sutis? Será que conseguimos realmente abandonar a idealização do relacionamento e nos abrir para um novo amor?

É interessante observar que a energia que Mara cita como motivadora de sua decisão de se separar se refere à oportunidade de felicidade para seu marido, e não para ela própria. É claro que quem ama deixa ir, se desapega, ainda que seja difícil, porque o amor é muito maior que o apego. Mas é preciso prestar atenção para não abrir mão de seu poder pessoal, de seu amor-próprio, e condicionar suas escolhas ao outro, caindo no padrão desequilibrado do doador demais, que faz escolhas com o referencial nos outros e não em si. Em alguns momentos, essa diferença é muito tênue e até confusa, mas a maneira como pensamos e nos colocamos nos dá pistas de como estamos direcionando nossas escolhas – a nós mesmos ou aos outros.

Centrar todas as escolhas em nós pode, à primeira vista, parecer egoísmo, especialmente se nos deixarmos levar pela crença de que é mais nobre pensar no outro primeiro. Mas, se não soubermos honrar antes de mais nada a nós mesmos, com certeza não saberemos honrar e efetivamente respeitar o outro. O respeito passa a ser algo um tanto superficial e ilegítimo.

Se tomarmos nossas decisões motivados pelos outros, nos afastaremos da reflexão acerca de nós mesmos e do exercício de nossa verdade. Desse modo, nosso Eu Machucado continua contaminando nossas decisões, disfarçando-se de amor. Quando pensamos nos motivos que nos levam a tomar uma decisão, podemos saber onde estamos colocando nosso referencial pela maneira como formulamos nossos pensamentos. Perceba como é diferente: "Escolho me separar porque assim *eu* serei mais feliz, e também será o melhor para todos", ou "Escolho me separar pois isso será melhor para os meus filhos", ou ainda "Escolho me separar porque não tem mais jeito". Quando conseguimos centrar a decisão em nós mesmos, isso significa que a questão já está mais bem elaborada e harmonizada dentro de nós. Porém, quando estamos com o referencial nas outras pessoas e no que acontece lá fora, bem provavelmente teremos de trabalhar a questão internamente, pois de outro modo ficará gravada como uma memória negativa dentro de nós.

Procurar e assumir nossa parcela de responsabilidade não isenta o outro de sua própria parcela. Mas não somos nem podemos ser responsáveis pelas escolhas e aprendizados do outro. O único poder que temos é sobre nós mesmos, sobre nossas energias e escolhas. Colocar nossa atenção no aprendizado do outro, sobre o qual não temos poder, equivale a fugir de nossos próprios aprendizados, para não ter que lidar com nossa verdade e assumir o poder sobre nossa felicidade. Essa constatação pode gerar muita raiva, irritação, angústia, porque tudo que o Eu Machucado quer é se livrar da dor e da verdade, mas lembremos que são apenas nossas feridas sutis e que, uma vez que cuidemos delas, esses sentimentos diminuirão. Não de maneira ilusória, como na negação de responsabilidade, mas de modo verdadeiro, no enfrentamento da situação, ao assumirmos nossa responsabilidade e nosso poder sobre a situação. Isso é tomar o poder pessoal sobre nossa própria vida.

## O que nos leva a trair?

Apesar de geralmente ser julgado e condenado, quem trai também sofre. A culpa dessa pessoa geralmente é muito intensa e profunda. O que a leva a trair é, a princípio, uma forte atração por outra(s) pessoa(s). Mas quais serão as energias por trás dessa atração? Uma das características que os sentimentos gerados pelo Eu Machucado podem adquirir é uma intensidade quase incontrolável. Quando nos sentimos aprisionados por nossos próprios impulsos e emoções, estamos com certeza sendo movidos por padrões distorcidos.

A necessidade do Eu Machucado de se sentir valorizado pode nos levar a buscar reconhecimento e aceitação fora de nosso relacionamento. Se não temos um diálogo verdadeiro com o parceiro e não buscamos trabalhar juntos essa necessidade, podemos sentir vontade de procurar essa satisfação em outra pessoa. Não percebemos que bem provavelmente apenas recriamos a mesma situação. Na maior parte das vezes, não reconhecemos nossa baixa autoestima e simplesmente nos deixamos levar pelas sensações e sentimentos do Eu Machucado, que nos impulsionam a procurar aceitação e reconhecimento onde eles estiverem disponíveis.

As distorções do Eu Machucado podem se manifestar das mais diversas maneiras no nível físico, de acordo com o tipo de desarmonia que ele carregue. O impulso sexual exagerado é um tipo de vício – que pode quase nos escravizar, de tão intenso –, nos levando a trair. O desequilíbrio de energias pode ter as mais variadas causas, e é importante procurar orientação terapêutica para elucidá-las e harmonizá-las.

> **Reflita:**
> Suas escolhas amorosas visam a um bem-estar verdadeiro e a longo prazo, ou à satisfação imediata?

Quem já foi traído, ou presenciou algum caso muito próximo de traição, pode ter tanto medo de ser enganado que acaba criando um sentimento de vingança ou de defesa. Trair, mesmo que seja outro parceiro, e não aquele que nos traiu, é uma forma de nos vingar e validar o orgulho do nosso Eu Machucado. O simples medo de ser traído às vezes nos faz trair primeiro, pois o orgulho nos faz acreditar que é mais fácil lidar com o sentimento de trair do que com o de ser traído. Ao trair, de certa forma asseguramos ao nosso Eu Machucado uma ilusória posição de superioridade e segurança no relacionamento.

Quando sentimos vontade de nos relacionar com outra pessoa que não nosso parceiro, isso indica que há algo acontecendo que vai de encontro ao nosso compromisso oficial. É o momento de parar e perceber o que realmente está acontecendo, e então escolher que motivações vão impulsionar nossas próximas escolhas. Podemos aprofundar a percepção acerca de nós mesmos e do companheiro no relacionamento oficial, ou dar vazão aos sentimentos e nos entregar à atração pela outra pessoa. Não há certo ou errado, mas escolhas que constroem situações e definem resultados.

As escolhas do Eu Machucado nos geram angústia porque criam opções de diversos cenários, e nos levam a buscar a opção mais segura ou a que melhor atenda às demandas de nosso vício energético, seja ele por carinho, atenção, validação, segurança ou "amor". A dúvida acontece não porque não sabemos o que vai acontecer, mas porque queremos escolher a opção que vai "dar certo". Ou seja, queremos a possibilidade em que as coisas saiam como esperamos e desejamos. Mas é preciso lembrar que o que constrói os acontecimentos em nossa vida é nosso conjunto energético. Logo, o que determina os resultados de uma escolha não é a escolha em si, mas quem realmente somos, em nosso conjunto físico, emocional, mental e espiritual. Ficamos tão ocupados analisando os cenários exteriores – trair ou não trair, escolher o parceiro oficial, ter um parceiro extra ou manter os dois – que esquecemos de questionar o mais importante: Quem sou eu de verdade? O que realmente quero para mim? Quais são os verdadeiros desejos escondidos por trás do desejo de traição?

Quando escolhemos manter um segundo relacionamento além do oficial, alimentamos efetivamente a situação de traição. A distorção da verdade é muito intensa a essa altura, e com certeza não perguntamos ao nosso parceiro se ele se importa que tenhamos outra pessoa além dele, porque quase certamente ele dirá que sim. Não é isso que nosso Eu Machucado quer ouvir, pois nesse momento ele precisa da energia das duas pessoas. Mas não foi esse o compromisso – seja ele legalizado ou não – que assumimos em nosso relacionamento oficial.

A traição evidencia a dificuldade de comprometimento, de fazer uma escolha e aceitar o pacote completo. No capítulo anterior, mencionamos que cada escolha traz um pacote completo. As distorções do Eu Machucado podem nos levar a querer burlar esse fato e escolher os melhores aspectos de dois pacotes, ignorando a parte "ruim" de ambos. Quando fazemos isso, não percebemos que alimentamos energias frouxas e contraditórias dentro de nós, e isso nos trará mais situações dessa natureza.

A falta de comprometimento é conosco antes de tudo. Temos medo de fazer a escolha errada, de abrir mão do que nos é agradável ou cômodo, mas esquecemos que não há escolhas certas ou erradas, e sim aquelas que escolhemos e levamos em frente. Não importa qual escolha fazemos, mas *como* a fazemos. Se tivermos em mente que sempre faremos de nossa decisão a melhor, não há por que se preocupar tanto. Pode ser uma escolha difícil, mas, uma vez que a façamos, é bom ter o foco voltado somente para ela e nos livrar das dúvidas e dos "e se...". Toda escolha tem um lado agradável e outro desagradável. Cabe a nós nos comprometer conosco e com o outro, fazendo a escolha, assumindo-a e bancando-a em seu pacote completo, com seus aspectos positivos e negativos.

**Reflita:**
Como está seu compromisso consigo e com suas escolhas?

Diante da fuga e da dificuldade de compromisso, é bem provável que, ao trair, sintamos culpa, consciente ou inconscientemente. Isso porque, no fundo, sabemos de nossa dificuldade de nos comprometer. Ainda que tentemos, não há como mentir para nós mesmos. Logo, a traição soa como mais um fracasso diante do desafio do compromisso conosco e com o outro. Ao reforçar o padrão do medo de nos comprometer, podemos nos sentir de certa forma incapazes e diminuídos. Sentimo-nos impotentes diante desse padrão distorcido, como se ele fosse mais forte que nós.

Quando criamos muitas desculpas para a traição no nível racional, podemos até achar que assim nos eximimos da culpa. Mas, com todas as crenças e julgamentos da consciência de massa que carregamos a respeito da traição, além de nossos próprios medos e julgamentos, a pessoa que trai provavelmente se sente culpada de alguma maneira.

*Segundo o relato de Mara, seu ex-marido nunca mais teve brilho nos olhos e continua trabalhando muito até hoje. A mãe dele ficou revoltada com a situação, não conversa mais com o filho nem procura saber notícias dele, e ele está afastado de toda a família.*

Quando traímos, além da culpa que impomos a nós mesmos, ainda precisamos lidar com a energia que nos é jogada pelas outras pessoas para que nos sintamos culpados. Muitas vezes as pessoas mais próximas, como a família do ex-marido de Mara, até se afastam como forma de protesto e julgamento. É difícil, com tanto peso, sair dessa sintonia. Para isso, é preciso assumir nossa parcela de responsabilidade sobre a situação.

A culpa não melhora as coisas nem para nós nem para as pessoas magoadas, apenas alimenta a dor, pois é uma fuga de nossa responsabilidade sobre a situação. Ainda que isso exija muita coragem e força, podemos nos responsabilizar por nossos atos e abrir mão da postura defensiva e cheia de justificativas. Isso nos ajuda a separar as lições que a situação nos traz daquelas que se apresentam para o parceiro. Se uma pessoa é traída, ela tem a oportunidade de aprender a ter mais autoestima e amor-próprio, e seu parceiro, a oportunidade de aprender a honrar seu compromisso consigo mesmo e com o outro, por exemplo. Não adianta se focar no aprendizado que o outro pode ter. Cada um deve estar focado no próprio aprendizado e, se o outro não quiser assumir o aprendizado que cabe a ele, é escolha dele. Se as pessoas ficam revoltadas e nos julgam, cabe a nós permanecer firmes a fim de que as atitudes alheias não nos afetem e para que saibamos respeitá-las, pois, assim como temos o direito de fazer nossas escolhas, elas também o têm. Buscando a verdade, assumimos essa situação como um aprendizado, dolorido, mas enriquecedor.

### Será que meu amor vai deixar o(a) parceiro(a) para ficar comigo?

Atrair uma pessoa que já está envolvida em outro relacionamento nos traz, entre outras impressões, a sensação de indisponibilidade, impossibilidade, dificuldade, de algo incompleto. Diante dessas pistas, vamos aprofundar algumas reflexões acerca da terceira pessoa no relacionamento.

As energias que nos levam a atrair ou ser atraídos por uma pessoa já comprometida também são inúmeras. Algumas já foram discutidas, como a necessidade excessiva de nos sentirmos valorizados ou os impulsos sexuais exagerados, que podem nos levar a, inconscientemente, atrair uma pessoa mesmo que ela seja comprometida, desde que esteja disposta a nos dar o que nosso Eu Machucado quer. A energia de orgulho e vingança do Eu Machucado, gerada em uma situação em que tenhamos sido traídos, pode nos levar a inconscientemente querer figurar no papel de amantes. Se também formos comprometidos, acrescentam-se as energias que levam a trair abordadas anteriormente, como as dinâmicas distorcidas que criam o vácuo da verdade e os abismos de ilusão em nosso relacionamento oficial.

Para compensar a baixa autoestima, podemos cair no padrão de competição, em que atraímos situações competitivas para nos sentir escolhidos ou melhores, ou seja, para nos sentir validados. Inconscientemente, nosso Eu Machucado pode se alimentar da sensação de alguém preferir ficar conosco a estar com seu parceiro oficial. Em meio a todos os outros sentimentos confusos, pode ser que exista esse prazer secreto que alimenta o Eu Machucado.

O medo da dor e do sofrimento nos relacionamentos pode ter diversas raízes, como memórias doloridas acerca do relacionamento dos pais ou de nossas relações anteriores. Pode ser reforçado por estereótipos, como amores platônicos ou dramáticos, e crenças coletivas, como "amor rima com dor", "amar é sofrer", "homens (ou mulheres) não prestam", "homens são naturalmente infiéis", "mulheres são interesseiras", e assim por diante. Cria-se um conjunto de padrões contraditório, em que coexistem, de um lado, vontade e abertura para vivenciar uma relação amorosa e, do outro, medo e raiva dos relacionamentos. No nível físico, reproduzimos então uma situação que reflete essas energias contraditórias: vivemos um relacionamento que traz dilemas, problemas e complicações.

Também em clima de contradição, nos relacionar com uma pessoa comprometida pode significar uma zona de conforto para um Eu Machucado que quer se relacionar, mas tem medo de passar por uma rejeição ou medo da perda. Podemos ter, em nosso corpo emocional, mental e espiritual, distorções que anseiam por viver um relacionamento e outras que têm medo dele.

Quando o parceiro tem outro relacionamento, inconscientemente já existe uma desculpa para a não consolidação da relação: "Ah, mas ele já é comprometido", "Ele não pode largar a família". É uma maneira de o Eu Machucado amenizar e se proteger do sentimento de rejeição e perda. Em vez de enfrentar um relacionamento em que existe 50% de chance de dar certo e 50% de dar errado, as energias distorcidas nos colocam em situações em que as chances de dar errado são maiores, e com justificativas prontas e palpáveis, dando uma ilusória sensação de segurança e controle para o Eu Machucado. Ainda que exista dor na rejeição e no fracasso da relação, é uma dor de certa forma já esperada e calculada, e muito mais segura do que a dor e a ansiedade de um relacionamento em que as chances de dar certo ou errado são iguais. Não deixa de ser um mecanismo de autossabotagem.

As energias distorcidas de baixa autoestima podem também reproduzir seus programas e crenças autodestrutivas, na maioria das vezes profundas e inconscientes, como: "Eu não mereço viver um grande amor", "Sou uma pessoa suja", entre tantas outras, e assim nosso Eu Machucado atrai um relacionamento que considere digno dessas energias negativas, de acordo com seus julgamentos distorcidos.

Outro caso possível é quando julgamos demais os outros: "Sou uma pessoa muito correta e jamais vou me envolver numa traição", "Quem trai é má pessoa". Quanto mais julgamos, mais distorcemos nossas energias e mais estamos sujeitos a atrair situações que nos colocam à prova. Inconscientemente, atrairemos situações que nos desafiarão com a escolha de nos curar e sair da energia de julgamento ou de reforçar o padrão e a energia negativa. Quando julgamos os outros, seja aqueles que são traídos, seja aqueles que traem, tendemos a atrair a mesma situação e a experimentar todas as dificuldades de vivenciar esses outros papéis, como uma oportunidade de aprendizado para harmonizar nossa energia de julgamento. Em consequência dessa energia, a terceira pessoa no triângulo amoroso, assim como a pessoa que trai, pode sentir culpa, pois ela também figura no polo ativo da traição. Como dito anteriormente, a respeito das pessoas que traem, é preciso ter força para ir além da culpa, que representaria uma fuga do aprendizado.

Ser a terceira pessoa em um triângulo amoroso nos remete a dúvidas como: "Será que meu amor vai deixar a outra pessoa para ficar comigo?", "Será que vai dar certo?", "Devo apostar no relacionamento?" Mas, diante de todos os aspectos abordados, essas perguntas ganham uma nova e mais profunda dimensão: "Por que eu me envolvi com uma pessoa comprometida? Que energias desequilibradas do meu Eu Machucado me trouxeram para essa relação?" Ao nos permitir aprofundar nessas questões, damos o primeiro passo para harmonizar nossas distorções e começamos a equilibrar nossos padrões distorcidos, abrindo o caminho para relações mais harmônicas.

### É possível superar a traição?

Para seguir em frente, seja qual for a decisão sobre o relacionamento, podemos aproveitar ao máximo a oportunidade de harmonizar os padrões negativos trazidos à tona por esse evento dolorido, transformando-o no aprendizado mais profundo que pudermos, como fez Mara.

*"De 14 de maio de 1988 a 3 de agosto de 2008 foi o tempo que durou o amor que eu acreditei que seria para sempre. Era um domingo chuvoso, com chuva fina, um dia triste. Ajudei-o a arrumar as malas e a colocar tudo no carro, fiz um almoço especial de despedida, com tudo que ele gostava, mas me sentia como se estivesse em um velório, algumas vezes com um leve sorriso no rosto, tentando parecer conformada para não deixar minha filha triste, e também para não haver arrependimento e para que ele não sentisse dó de mim. Almoçamos, ele se despediu da nossa filha e do namorado dela, por último se despediu de mim, entrou no carro, abriu o portão eletrônico e pela última vez o vi fechá-lo, para não abrir nunca mais. O barulho do portão foi algo estrondoso, então chorei. Chorei não de arrependimento, mas pela certeza de que tudo tinha acabado e de que essa havia sido a decisão mais importante da minha vida: terminar meu casamento."*

Ao longo de sua experiência, Mara aprendeu muito sobre si mesma e sobre o amor. A vida lhe trouxe não só a traição do marido, mas também um problema de saúde. Ela soube utilizar ambos os fatos como catalisadores de muitos aprendizados. Quando a doença a obrigou a fazer tratamento regularmente, muita coisa mudou não só na rotina de Mara, mas também em seu interior.

Quando perguntamos a Mara o que essa experiência havia lhe ensinado, ela nos relatou que essas situações a remeteram a questões relacionadas à sua infância, o que lhe possibilitou perceber quanto havia sufocado sua verdade para viver de acordo com o que sua família determinava. Assim, Mara começou a se conscientizar de suas distorções e a buscar suas verdadeiras vontades e desejos. Aos poucos foi desconstruindo aquela Mara de ilusão, que era casada com aquele homem, e, mesmo sem ter um referencial de si mesma, pôde buscar sua verdadeira identidade.

Ainda que o caminho tenha sido dolorido, Mara foi aos poucos percebendo que não podia mais lutar contra a verdade. As ilusões que permeavam seu casamento foram gradualmente desfeitas. Isso a fez questionar o que ela realmente queria em seu relacionamento. Aceitou a situação, por mais desagradável que fosse, e com ela foi aprendendo a lidar. Ela se deu conta de que, se não fossem as mudanças interiores decorrentes de sua doença, talvez não tivesse terminado o relacionamento e viveria infeliz, acreditando que casamento deveria ser para a vida toda, seguindo o ditado popular: "Ruim com ele, pior sem ele".

A superficialidade de seus valores, naquela vida cotidiana perfeita, ficou clara sob a perspectiva mais profunda trazida por seu estado de saúde. Muitas pessoas, quando passam por um evento profundo ou traumático, como ter a vida em risco de alguma maneira, mudam sua escala de valores, pois nesse momento o confronto com a verdade torna-se inevitável. Quando buscamos a verdade por nós mesmos, proativamente, evitamos chegar a essas graves circunstâncias. Não precisamos chegar a situações dramáticas, mas, mesmo que sem perceber acabemos fazendo escolhas que nos levam a situações desagradáveis, sempre é tempo de tomar as rédeas de nossa vida e mudar nosso rumo. Olhar para a verdade pode ser uma escolha difícil de início, mas sempre compensa.

*"Na manhã seguinte me levantei, não queria fazer café da manhã só para mim, mas olhei pelo vidro da cozinha, vi o dia lindo de sol que fazia e pensei: 'É meu primeiro dia de solteira. Que dia lindo! Eu mereço tomar um café e fazer deste um dia muito especial'. Como de costume, ele me ligou no horário que sempre ligava para dar bom dia, quando estava no trabalho, e começou a ladainha: 'Eu estraguei sua vida, blá, blá, blá...' Sorridente e com uma sensação de sincera felicidade, eu disse que aquele era nosso primeiro dia de solteiros e que eu desejava que ele fosse muito feliz, que o dia estava lindo e isso era sinal de sorte. Não sei explicar, mas me deu medo de que ele quisesse voltar atrás, então lhe dei coragem e mostrei que eu estava muito bem. E estava mesmo!"*

Mara soube caminhar em pequenos passos, respeitando seus limites e seu ritmo. Assim pôde ir aos poucos percebendo e conhecendo melhor sua real identidade, os limites de sua personalidade e seus anseios mais verdadeiros. Ao aceitar essa nova realidade, pôde fazer novas escolhas e perdoar a si mesma, o ex-marido e a vida por todos os acontecimentos. Com o sentimento de gratidão e força, Mara prosseguiu, tomando decisões mais condizentes com sua verdade.

Nesse caminho, porém, foi guardando emoções e questões que ainda não tinha condições de acessar e enfrentar, para que assim pudesse seguir em frente. Isso é natural ao longo do processo de equilíbrio de nossas distorções: elas são trabalhadas de acordo com a nossa capacidade e com a maneira como escolhemos lidar com elas. Agora já mais fortalecida e ciente de sua força de superação, Mara poderá confrontar as distorções que permaneceram dentro de seu coração, em uma nova etapa na busca de harmonia, e assim se abrir cada vez mais para o amor verdadeiro.

Para ler o relato de Mara na íntegra, conhecer mais sobre ela ou ler outras histórias de traição que foram publicadas no Fórum Personare, acesse www.personare.com.br/para-que-o-amor-aconteca.

Agora reserve um tempo para fazer o exercício meditativo e depois responda às perguntas abaixo:

- Até que ponto você está efetivamente em contato com a sua verdade e a verdade do seu relacionamento?
- Como você lida com a culpa, seja em relação a si mesmo ou ao outro?
- Você compreende e está consciente de suas emoções?
- Suas atitudes refletem seus verdadeiros sentimentos e pensamentos?
- Suas escolhas amorosas visam a um bem-estar verdadeiro e a longo prazo, ou à satisfação imediata?
- Como está seu compromisso consigo e com suas escolhas?

# 5
# DEVO INVESTIR OU TERMINAR MEU RELACIONAMENTO?

Mara passou por uma dolorosa traição e acabou optando por se separar. Porém não só a traição, mas outros motivos, como incertezas, brigas, distância e falta de comprometimento, podem nos levar a questionar se queremos ou não continuar nosso relacionamento. Por que é tão difícil fazer o relacionamento dar certo? Por que as coisas não funcionam como gostaríamos? Envolvidos nesses pensamentos, mergulhamos na dúvida entre continuar investindo na relação ou dar a ela um ponto final. Aline também passou por situações difíceis e viveu esse tipo de incertezas.

*Aline acreditava que o amor era como nos filmes, novelas e romances. Para ela, o casal deveria estar sempre em perfeita união e sintonia. Mas com Leo, desde o começo, foi tudo bem diferente do que ela sonhava. Quando ela estava solteira, ele estava namorando. Quando ele terminou, ela se envolveu com outra pessoa. Além desses desencontros, Aline descobriu que, quando eles começaram a sair, ele pa-*

*querou uma amiga dela. Mesmo assim, os dois continuaram a se encontrar, e algum tempo depois o namoro engatou. Essa foi a primeira quebra de idealização de Aline: o amor não era aquilo que ela ansiava, nada de príncipe encantado ou encontros perfeitos de contos de fadas.*

Uma das distorções que a maioria de nós carrega é a idealização do amor. A maneira como crescemos e vivemos nos incentiva a criar ilusões acerca de nossos conceitos de relacionamento e de amor. Essas idealizações nos afastam da verdade, criando expectativas irreais sobre encontros e relações de contos de fadas. O início do namoro entre Aline e Leo representou uma primeira desconstrução de ilusões. Aline teve de enfrentar algumas decepções, que mostravam que o amor existia, mas não era o encontro "perfeito" que ela esperava.

Aline também carregava a ilusão do relacionamento como a sintonia perfeita entre duas pessoas, como se as relações fossem somente o "viveram felizes para sempre". Assim como ela, muitas vezes associamos, de modo inconsciente, a felicidade afetiva à ausência de situações e sentimentos desagradáveis, como se a felicidade no relacionamento fosse sinônimo de inexistência de problemas e de alegria permanente.

*Aline namorava Leo havia cinco anos quando começou a se sentir insegura em relação a seus sentimentos. Acabou ficando com outra pessoa, traindo-o. Sentindo-se muito culpada e confusa, decidiu terminar o namoro. Alguns meses após o término, sua traição foi descoberta, e ela também acabou descobrindo as traições do ex-namorado.*

Carregamos a ilusão de que as diferenças e os atritos são necessariamente negativos para a relação e devem ser evitados a qualquer custo, para que assim todos possam viver sorridentes e felizes. Isso não é impossível, mas é uma meta muito ousada diante do elevado grau de distorção emocional e mental que a grande maioria de nós apresenta hoje. A ausência de desentendimentos e o sentimento de alegria diário podem até mesmo refletir uma ilusão, pois trazem indícios de relações em que as desarmonias, em vez de ser solucionadas entre o casal, são colocadas "debaixo do tapete", até que fique impossível continuar a escondê-las.

*Aline havia se culpado pela traição, mas descobria agora pequenas mentiras relativas às atitudes de ambos durante o namoro. Foram aparecendo mentiras sobre aonde iam ou com quem estavam. O período de distância após o término também lhes possibilitou perceber claramente a maneira como se davam as chantagens emocionais, as manipulações e os joguinhos no relacionamento. Essas dinâmicas proporcionavam a ambos a ilusão de ter certo controle sobre o outro durante o namoro. Tudo isso levou à ruína da imagem que um tinha do outro até ali. Aline já não era tão princesa, nem Leo era mais aquele príncipe. Haviam se tornado traidores, mentirosos e manipuladores. Essa realidade foi dura demais para eles.*

Todo relacionamento representa uma grande oportunidade de aprendizado, que no geral acontece justamente através das ações de conciliação das diferenças. A harmonia é alcançada após o conflito, portanto as discussões e as brigas podem não ser agradáveis, mas na maioria dos casos são não somente necessárias como imprescindíveis ao equilíbrio do casal. Não falo aqui de situações de abuso e agressão, mas de intensa troca, que por vezes podem até tomar um clima mais exaltado, porém sem violência.

Um relacionamento pleno não pressupõe ausência de brigas e alegria 24 horas por dia, e sim a habilidade de discutir, e até brigar, de forma verdadeira e saudável, de aceitar e lidar da melhor maneira possível com a tristeza e com as frustrações. Para isso, nosso Eu Machucado precisa ser bem trabalhado, para estarmos emocional e mentalmente conscientes e criarmos condições para que esses confrontos aconteçam de maneira construtiva. Caso contrário, caímos em uma dinâmica de fuga e de acúmulo de distorções, através de pequenas omissões e atitudes forçadas, que podem eclodir de forma drástica, por exemplo, com as traições e mentiras do relacionamento de Aline e Leo.

*Diante de tanta dor e rancor, cada um foi viver sua vida, iniciando novos relacionamentos. Mas, por incrível que pareça, ainda que não tivessem perdoado um ao outro, eles continuaram amigos. Quando Aline quis ir visitar um rapaz com quem estava se relacionando, que morava em outro estado, foi Leo quem a incentivou a ir e emprestou dinheiro para a viagem. Aline, por sua vez, armava situações para que ele ficasse com outras mulheres e ajudava dando conselhos amorosos. Assim, mesmo separados, já com outros parceiros e com ressentimentos guardados, Aline e Leo continuavam torcendo pela felicidade um do outro.*

Os relacionamentos afetivos são o cenário perfeito para equilibrar nossas energias mais desarmônicas. Se alguém que não tem importância para nós diz que nos odeia, podemos até ficar aborrecidos, mas isso não chega a nos abalar. Simplesmente viramos as costas e vamos embora. Mas, se alguém que amamos nos diz isso, essa mesma fala tem um efeito completamente diferente. Vamos querer saber os motivos e tentar interferir na situação. Nós nos importamos com quem amamos. Por isso, os relacionamentos afetivos nos oferecem a chance de trabalhar alguns de nossos machucados mais profundos.

Os vínculos amorosos funcionam como facilitadores do aprendizado, pois, se não amássemos o companheiro, poderíamos simplesmente deixar a questão para lá. Muitos grandes aprendizados só são possíveis por conta dos laços de amor que nos mantêm unidos ao parceiro e que nos impedem de desistir de enfrentar o desconforto. O amor nos dá coragem e força para encarar as mais profundas dificuldades. A história de Aline e Leo mostra que, apesar de terem passado por situações dolorosas, como a traição, os vínculos de amor permaneceram.

As trocas afetivas, as alegrias, a construção da vida em conjunto, tudo isso nos fortalece em nosso caminho de vida. Se temos como objetivo pessoal o crescimento e podemos contar com alguém para nos ajudar nesse sentido, nossos processos de harmonizar distorções podem ser acelerados. Em geral nos sentimos atraídos por parceiros que refletem nosso conjunto físico, emocional, mental e espiritual, e que trazem à tona nossos padrões tanto positivos quanto negativos. Assim, um parceiro pode ajudar o outro a aprimorar seus aspectos positivos e a harmonizar seus desequilíbrios. As trocas e interações em uma relação representam um processo contínuo nesse sentido.

Vários tipos de comportamentos e padrões se mostram através da dança das polaridades (sobre a qual falamos no capítulo 2), que nos possibilita perceber, pelo referencial que o outro nos dá, o que precisamos trabalhar em nós mesmos. Nosso par está continuamente nos dando um retorno sobre nossos desafios mais íntimos, trazendo a oportunidade de crescimento pessoal. Mas, apesar de a relação afetiva ser uma maravilhosa oportunidade de nos trabalharmos em dupla, por outro lado exige mais atenção e esforço do que quando estamos sozinhos, pois toda a dinâmica de conscientização e equilíbrio precisa ser trabalhada não só individualmente, mas também entre o casal.

### Qual é a qualidade dos meus relacionamentos afetivos?

A interação em um relacionamento amoroso é uma das mais intensas e profundas que existem. Através dos laços emocionais, mentais e espirituais que estabelecemos com o parceiro, trocamos energias que se misturam e se mesclam à medida que interagimos nos níveis sutis. Quanto melhor a qualidade da energia que os parceiros colocam nesses vínculos, maior a sintonia criada entre o casal.

Durante um relacionamento, estamos continuamente construindo e nutrindo esses vínculos sutis, que são feitos e alimentados com nossos sentimentos, intenções, emoções, pensamentos, ideias, atitudes, crenças. Para que a troca nesses níveis sutis ocorra de modo harmonioso, cada um dos parceiros deve estar atento ao seu conjunto energético, pois é com ele que esses laços serão estabelecidos e nutridos.

Aline traiu o namorado porque, de alguma forma, seus vínculos com Leo não estavam equilibrados. Isso fica ainda mais claro pelo fato de Leo também ter traído Aline na época. Perceba que havia algo obscuro, não declarado, acontecendo por trás das aparências do namoro, e muito disso foi descoberto após o término da relação. O próprio sentimento de confusão fez com que Aline optasse pelo término do namoro e manifestasse no nível físico da relação a incerteza e a falta de clareza. Para uma interação ser harmônica, deve haver o esforço individual de cada um dos parceiros no sentido de reconhecer o que pertence a si e ao outro. É preciso reconhecer seu próprio Eu Machucado e, portanto, que distorções devem ser harmonizadas dentro de si e respeitadas no outro. Porém Aline e Leo não tinham essa clareza.

Conhecer nossa verdadeira identidade e os contornos de nossa individualidade é extremamente importante para que possamos interagir com nosso par de modo saudável. Se não nos trabalharmos para reconhecer nossos limites, como poderemos colocá-los, de maneira que o parceiro nos respeite? Se não tentarmos nem reconhecer nossos limites, como saberemos reconhecer os do outro, para assim respeitá-los?

**Reflita:**
Como você percebe os limites de sua identidade física, emocional, mental e espiritual? Como se sente ao reconhecer e colocar ao outro seus limites?

Quando iniciamos uma relação, não conhecemos os hábitos e gostos do parceiro. As conversas e a própria convivência vão mostrando a melhor maneira de lidar com ele. Se a pessoa fica de mau humor quando acorda, pode ser melhor deixá-la mais quietinha pela manhã. Se não gostamos que nos liguem quando estamos no trabalho, nosso parceiro pode evitar ficar telefonando a toda hora. São gostos, hábitos e limites que se tornam conhecidos no cotidiano. Como os percebemos com clareza, é fácil mostrá-los e comunicá-los ao outro.

Mas temos também nossos hábitos, gostos e maneiras de ser relacionados aos níveis sutis. Quando não temos consciência de nossos limites físicos, emocionais, mentais e espirituais, interagimos energeticamente com o parceiro de forma passiva e automática. Tendemos a invadir ou a ignorar os limites sutis um do outro, impondo nossos sentimentos e pensamentos ou negligenciando-os. Muitas vezes, crenças, vontades, emoções e pensamentos que acreditamos ser nossos na realidade pertencem ao nosso parceiro. Nas trocas sutis, é natural que exista uma influência sobre o outro, mas isso não pode nos fazer perder de vista quem realmente somos.

Algumas pessoas vão mudando ao longo do relacionamento, se enquadrando no ritmo e nas vontades do parceiro, e nem percebem que estão deixando de lado sua própria verdade. Outras até percebem, reclamam, mas nada fazem para mudar, apenas culpam o parceiro. Geralmente os mais próximos sentem e se assustam com as mudanças de comportamento, enquanto a pessoa não se dá conta da gravidade do que está acontecendo. Ela considera isso parte natural do relacionamento. Claro que é preciso aprender a ceder e se adaptar ao parceiro, e todos nós somos transformados pelos relacionamentos. Mas isso é diferente de abrir mão de si mesmo. É preciso saber se impor em um relacionamento, assim como aprender a compreender e respeitar o outro. Isso deve acontecer por meio do respeito e do amor – não de culpa ou cobrança.

Sabemos que estamos vivendo com verdade quando não abrimos mão de nossa plenitude, de nossa paz interior. Desconfortos ou qualquer tipo de sentimento desagradável e angustiante na dinâmica do relacionamento indicam que é momento de parar e avaliar o que estamos fazendo nos níveis sutis. Vale refletir: a interação acontece entre dois parceiros completos – com limites bem definidos e conscientes –, que se complementam? Ou somos duas pessoas incompletas, com limites indefinidos e misturados, que precisam uma da outra para se sentir completas?

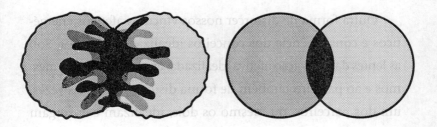

À esquerda temos a representação de duas pessoas desarmonizadas e sem limites bem definidos, gerando uma interação em que um tenta obter energia do outro, mesmo que isso seja invasivo.

À direita temos a representação da interação harmônica entre duas pessoas equilibradas e com limites bem definidos. Fica claro o que é próprio da identidade de um, do outro e o que faz parte da interação entre os dois.

Se identificar nosso valor já é algo trabalhoso quando estamos solteiros, imagine quando temos um parceiro. Atenção extra é necessária para não nos desviar de nós mesmos. Não basta ter alguém ao lado, é preciso muito amor, paciência e vontade para construir e manter a verdade, sabendo enxergar e aproveitar a oportunidade por trás de cada dificuldade.

Se não ficarmos atentos às nossas energias, acabaremos nos distraindo também daquelas que colocamos em nossos vínculos afetivos. Quando iniciamos uma relação, tanto nós quanto o parceiro carregamos distorções anteriores, que fazem parte da base sutil sobre a qual construímos o relacionamento. Elas se mostrarão como os pontos mais fracos e delicados da interação. Mais cedo ou mais tarde, essas distorções a ser trabalhadas serão evidenciadas no nível físico como experiências desagradáveis.

### Crio expectativas sobre o parceiro?

Outra forma de distorcer nossos vínculos afetivos energéticos é consequência dos conceitos idealizados de amor. Sob as lentes da realização afetiva idealizada, enxergamos a nós mesmos e ao parceiro também de forma distorcida. Muitas vezes, um dos parceiros, ou mesmo os dois, idealizam e enxergam no outro aquilo que querem enxergar, além de assumirem cada qual seu papel. O relacionamento passa a ser um teatro em que cada um representa seu papel, tentando se enquadrar em seu conceito de relacionamento perfeito.

Após o término do namoro, Aline e Leo descobriram diversas mentiras que faziam parte do "teatro" em que ambos tentavam atender às idealizações um do outro. Cada um fazia seu papel idealizado, mesmo que isso significasse mentir conscientemente. Outra questão importante é que esquecemos que as relações são dinâmicas e que nosso conjunto energético, assim como o do parceiro, muda a cada dia. Se não ficarmos atentos a essas transformações, podemos ficar presos à imagem daquela pessoa que conhecemos, à intensidade da paixão da fase inicial do relacionamento. Vislumbramos a pessoa que o parceiro já foi ou tem potencial para ser, ou ainda a que gostaríamos que fosse, e nos apegamos a essa imagem. Podemos fazer isso conosco também, criando expectativas irreais acerca de nossa identidade e imagem, ficando presos ao que já fomos ou querendo ser alguém que não somos.

Não há nenhum problema em acreditar que a outra pessoa ou nós mesmos podemos ser o que esperamos, mas precisamos estar conscientes de que potencial é algo que pode vir a ser ou não. É uma possibilidade, em que podemos obter o resultado desejado ou não. E, quando se trata da outra pessoa, isso não depende de nós.

Quando acreditamos e investimos em uma pessoa, isso não significa que ela nos deve o retorno que esperamos. Gratidão é diferente de dívida. Uma pessoa pode nos ser grata, mas ela não nos deve nada. Ainda que façamos tudo que está ao nosso alcance, que nos doemos de corpo e alma, investindo na relação, não adianta criar expectativas de que o parceiro responda como queremos, que sinta e perceba as coisas do mesmo modo que nós e assim retribua nosso esforço. Podemos desejar e apostar que isso aconteça. Mas não existem garantias.

Mara, como vimos no capítulo anterior, apostou que seu marido voltaria a amá-la, mas, ao constatar que as mudanças que aconteceram nele, em si própria e no relacionamento eram irreversíveis, percebeu que perdera a aposta, optando assim pela separação. Precisamos ficar atentos, pois não há nada mais ilusório do que nos apegar a uma idealização. Afinal, isso é amor? Ou é nosso Eu Machucado tentando alimentar seu vício?

Nem sempre essas idealizações ficam claras para nós, mas podemos ter pistas sobre elas. Um exemplo são aquelas características do parceiro que mais nos irritam e nos tiram do sério. Algumas coisas são tão óbvias e coerentes para nós que fica quase impossível compreender como o outro pode encará-las de outra maneira. Pode ser até revoltante o parceiro não perceber algo tão lógico para nós. Por trás desses sentimentos, há uma expectativa e uma idealização do parceiro. Existe uma recusa em aceitá-lo como ele efetivamente é naquele momento.

Mas vejamos um exemplo do que pode estar por trás dessa ilusão. Certa vez, atendi uma cliente que tinha o padrão "doadora demais". Sua atenção e seus cuidados tinham que estar sempre direcionados a alguém: aos pais, à irmã, às filhas, ao marido. Essa energia de querer atender, de ser companheira, de estar sempre disponível ao outro acabava desgastando-a. Muitas vezes ela deixava de fazer coisas para si e largava tudo para fazer algo para os outros, especialmente quando se tratava do marido. Ela estava muito decepcionada porque ele pouco se interessava pelas atividades que ela realizava e pela convivência com a família dela, fazendo-a se sentir negligenciada. Ficava revoltada principalmente pelo fato de ele não se envolver mais com a família dela, na qual ele era tão querido e bem-vindo. Ela considerava que isso deveria ser algo natural e até um dever da vida de casado, especialmente diante de tanta dedicação por parte dela e de seus familiares.

Essa esposa dedicada fazia muito pelos outros e esperava que eles fizessem o mesmo por ela. Quando não tinha esse retorno, ficava frustrada e revoltada com a falta de consideração. Ela percebia quanto as pessoas a elogiavam e a procuravam por causa da disposição para ajudar, fosse para levar a mãe ao médico, dar conselhos amorosos à irmã quando esta estava triste, largar tudo para fazer o jantar do marido e oferecer todo o apoio quando ele estava estressado com o trabalho. Ela considerava o lado doador sua qualidade mais bonita, nobre e preciosa. Porém, ainda que as pessoas reconhecessem essa qualidade, nunca correspondiam como ela esperava. Isso lhe trazia um sentimento de injustiça, mas, ao mesmo tempo, certa sensação de ser heroína e mártir, pois ela sentia que, se não resolvesse as coisas para os outros, eles não conseguiriam se virar sem ela.

No jogo das polaridades, conforme vimos anteriormente, sob o aspecto energético, o desequilíbrio do doador demais é tão grave e nocivo quanto o do egoísta, atraindo situações tão desagradáveis quanto. Ambos os perfis mascaram vícios do Eu Machucado. Na realidade, essa mulher se sentia bem com o reconhecimento alheio. Seu Eu Machucado se alimentava da dependência que as outras pessoas tinham em relação a ela, fazendo-a se sentir necessária e útil. Por isso, ela achava que o espírito doador era sua maior virtude, afinal era o que a destacava e a fazia ser procurada e querida pelas outras pessoas. Isso a levava a crer que era uma pessoa que tentava ser melhor a cada dia em sua qualidade bondosa.

Mas ela não percebia que sua atitude acabava sendo um tanto intrometida e até sufocante para as pessoas a sua volta – ainda que de modo muito sutil –, principalmente para o parceiro. Foi difícil para ela admitir quanto idealizava e esperava que o marido um dia reconhecesse que a maneira como ela tratava a família era o jeito certo de agir, passando a também gostar da convivência mais carinhosa. Foi um choque maior ainda perceber que aquilo que considerava sua maior qualidade, que julgava mais sagrado e valioso em si mesma, na realidade era a causa de seus problemas. Reconhecer tudo isso, apesar de doloroso, foi o primeiro e importante passo no caminho da harmonização.

Tomando consciência do jogo das polaridades em seu relacionamento, ela começou a observar melhor as atitudes do marido e percebeu que ele prezava a liberdade. Por isso, o tipo de convivência familiar muito próxima e calorosa, que ela sempre considerou tão especial e preciosa, o fazia se sentir aprisionado. A independência era o que ele considerava o impulso mais puro e valioso de sua personalidade. O anseio exagerado por liberdade era um desequilíbrio de seu Eu Machucado que mascarava seu medo de se envolver, gerando até certo ar de desinteresse. Esse desequilíbrio, complementar ao padrão distorcido de doadora demais da esposa, manifestava-se no nível físico em forma de conflitos.

As atitudes dela eram uma afronta à liberdade dele e o deixavam irritado. Ele mesmo não percebia com clareza que era a dedicação exagerada da esposa que o fazia se sentir mal. E provavelmente se sentia culpado, pois, em uma observação superficial da situação, pareceria ingratidão reclamar da dedicação tão incondicional da esposa. Uma vez que não tinha a real percepção das causas de seu mal-estar, ele acabava exteriorizando o desconforto através de reclamações aparentemente sem sentido, que faziam sua esposa sentir ainda mais a falta de reconhecimento. Inconscientemente ele buscava, nessas pequenas situações, desculpas no nível físico para extravasar pelo menos uma pequena parte de todas as suas frustrações, sem se sentir culpado de forma racional. Para ele, demonstrar o sentimento de insatisfação seria uma monstruosidade, pelo fato de não haver motivos aparentes que justificassem tal frustração. Como ele não exteriorizava isso, achava que estava fazendo o melhor pela relação.

Quando jogamos sutilmente expectativas sobre o nosso parceiro, ainda que de forma inconsciente, a outra pessoa sente essa energia e se ressente. É bem provável que ela não saiba identificar o que acontece no nível sutil (a maioria de nós não sabe fazer isso), mas possivelmente vai encontrar outras maneiras e situações para extravasar sua insatisfação e seu ressentimento. Assim como as crianças choram quando estão com sono, simplesmente porque não sabem o que isso significa e não sabem lidar com a sensação desagradável, arrumamos motivos, dos mais bobos aos mais elaborados, para dar vazão às nossas energias desequilibradas e assim arrumar uma explicação racional para nosso mal-estar. Uma saída com os amigos vira motivo de briga, quando na realidade o motivo é muito mais profundo, como insegurança e baixa autoestima. Criam-se "situações bode expiatório".

O casal em questão criou uma dinâmica de Eus Machucados que estava minando o relacionamento, em vez de ajudá-los a equilibrar suas distorções. Ela na polaridade doadora demais, sufocadora, mártir, heroína, vítima. Ele na polaridade liberdade exagerada, falta de comprometimento, culpa, ingratidão, algoz. Uma vez reconhecida a maneira como ambos os Eus Machucados atuavam, foi possível iniciar o processo de harmonização. Essa transformação exige muita paciência e muito amor, afinal são duas pessoas lidando com os vícios de seu próprio Eu Machucado e do Eu Machucado do outro. Mas, quando percebemos o que está efetivamente acontecendo, fica mais fácil lidar e agir.

*Mesmo após terminarem o namoro, Aline e Leo continuavam se apoiando e se ajudando. Ainda que fosse difícil perdoar tantas coisas ruins que haviam se passado, o olhar de desejo e carinho permanecia. Com o tempo, ambos foram percebendo que, apesar de ter muitos defeitos, tinham também muitas qualidades que não conseguiam encontrar facilmente em outras pessoas. Resolveram então encarar a realidade como ela é: todos têm defeitos e virtudes. No balanço final, Aline e Leo perceberam que suas virtudes superavam os defeitos e que o vínculo que tinham era algo muito especial. Não mais aquele da época em que namoravam, mas algo maior.*

Quando nos focamos em nossas idealizações, podemos deixar passar a pessoa maravilhosa que está ao nosso lado, porque tudo que enxergamos é aquilo que queríamos que ela fosse, mas ela não é. Ela pode não ser quem gostaríamos, mas talvez seja até melhor, e nem nos abrimos para perceber isso. Podemos olhar para o outro, buscar seus pontos positivos e começar a trabalhar a partir deles. Buscar satisfação no que a pessoa e o relacionamento são, a partir da realidade e não da ilusão. E então aceitar, ainda que tenhamos esperança de que algumas coisas possam mudar, mas não mais dependendo dessas mudanças para sermos felizes. Aline e Leo se deram a chance de, mesmo separados, perceber quem eram de verdade, aceitando que eventos ruins aconteceram, permitindo-se descartar o orgulho e as idealizações e assim perdoar um ao outro.

### Existem caminhos para a conciliação?

*Um ano e meio após o término, Aline e Leo decidiram encarar e acabar com os fantasmas do passado, para que pudessem então assumir o grande sentimento que os unia. Voltaram a namorar, resgatando a história de amor do casal, em um clima de superação e amadurecimento. Após mais dois anos de namoro, em uma fase de muita felicidade, casaram-se e tiveram um filho.*

Ao assumir um relacionamento com alguém, escolhemos percorrer caminhos em harmonia, para assim crescer e evoluir em conjunto. Cada passo dado por um parceiro influencia o outro, ainda que aparentemente se refira a apenas um deles. Basta lembrar que há a interação sutil, portanto tudo que somos e fazemos afeta e influencia energeticamente o parceiro, mesmo que de modo imperceptível no nível físico. É imprescindível estarmos atentos a esses passos, buscando constante conciliação de ritmos e interesses, para que não se crie espaço para distorções e ilusões. Ainda que tenham passado por momentos em que a conciliação parecia impossível diante de tantas mágoas, Aline e Leo, movidos pelo que havia de mais puro e profundo entre eles, superaram mais uma camada de ilusões e idealizações em sua relação. Reconheceram a energia predominante no vínculo entre eles: o amor. Juntos deram mais um passo e assumiram um compromisso mais profundo.

*Mas o casamento não era nada do que Aline sonhava. Com o tempo, a convivência foi ficando cada dia mais desgastante. Durante a gravidez, ela percebia Leo cada vez mais distante e inacessível, e isso a fazia se sentir sozinha e ressentida. Ver seu corpo mudando, "deformando-se", ao mesmo tempo em que o marido se afastava, lhe doía muito. As memórias das traições agravavam a situação, deixando-a ainda mais insegura. Quando o bebê nasceu, a situação piorou e a distância entre o casal aumentou ainda mais.*

Estamos permanentemente experimentando situações na vida que servem como oportunidades para alcançarmos o equilíbrio. A interação entre o casal é uma dinâmica permanente, que muda e se transforma a cada segundo pelas escolhas de cada um dos parceiros. A cada mudança e aparecimento de diferenças, originam-se atritos, e a partir deles se pode chegar a uma conciliação. Por isso, podemos dizer que a harmonia é alcançada pelo conflito.

Quando estamos em uma relação, tomamos decisões considerando o outro, buscando, porém, não perder de vista nossos desejos e a nós mesmos. Trabalhamos os limites de nossa identidade, definindo nossa individualidade, mas ao mesmo tempo nos esforçamos para conquistar a conciliação com o outro. Buscamos a sintonia, em um movimento contínuo na direção do equilíbrio entre a individualidade e a cumplicidade com o parceiro. Aline e Leo não estavam bem individualmente, pois a identidade de ambos estava abalada. A nova rotina parecia trazer novos desafios, que eles não estavam conseguindo administrar. Aline tinha dificuldade de lidar com as mudanças em seu corpo e em seu relacionamento. Antigas feridas, que julgava curadas, agora voltavam a incomodá-la, mostrando que havia questões passadas mal resolvidas dentro de si. Isso tudo tornava ainda mais difícil a conciliação, pois a tendência de Aline era culpar o companheiro pelas dificuldades na relação, em vez de buscar soluções.

Na conciliação entre o casal, pode ser que ambos não obtenham exatamente o que gostariam, mas podem aprender a gostar do consenso e da viabilização de um plano a dois. Isso só é possível quando colocamos como energia motivadora do relacionamento a verdade, que nos impulsiona a desmascarar nosso Eu Machucado, desfazendo as ilusões de nossos conceitos e expectativas, esclarecendo as pequenas mentiras e omissões e eliminando os dramas e as dores. Mas tanto Aline quanto Leo pareciam estar tentando impor ao outro suas próprias necessidades, em vez de trabalhar para conciliá-las.

*Toda vez que Aline pedia que Leo mudasse, ele respondia de maneira rude e irritada. Ela não via mais sinais daquele homem romântico e atencioso, então buscava entender o que estava acontecendo. Chorava muito, brigava e pedia que ele mudasse. Ele, por sua vez, pedia tempo para que pudesse se adaptar à nova dinâmica do casamento, ao filho, às novas responsabilidades. Mas a rotina, o estresse e o cansaço pareciam estar consumindo a relação.*

Através da interação com o parceiro, vamos estabelecendo contratos sutis, que não são ditos ou escritos, mas funcionam na prática, de forma implícita e intuitiva. São os movimentos sutis da dinâmica do casal e podem ter certos padrões, que vão se sedimentando na forma de movimentos e energias que se repetem. Por exemplo, se um dos parceiros costuma tomar decisões pelo casal, isso vira uma espécie de regra implícita, um costume. Se as interações acontecerem de forma automática e os parceiros não estiverem atentos, isso se repetirá até que um deles se manifeste, ainda que um ou mesmo os dois não estejam satisfeitos.

Somos seres em constante e contínua transformação, assim como nosso relacionamento, portanto esses "contratos" do casal precisam ser conscientemente revisados e acordados, para que as regrinhas mais importantes sejam sempre atualizadas e fiquem claras. Isso inclui desde questões como quem lava a louça até relações sexuais e as expectativas emocionais de cada um na relação.

Nossos vínculos sutis estão em constante movimento, refletindo nossos pensamentos, sentimentos, comportamentos e atitudes, sejam eles declarados ou apenas aqueles que se passam dentro de nós. Em meio a tantas mudanças, Aline e Leo não conseguiram manter esses contratos atualizados e claros. É como se os contratos tivessem se tornado obsoletos e inviáveis dentro das novas circunstâncias, mas as antigas cláusulas continuassem sendo cobradas. Aline cobrava a velha maneira de ser do marido. Mas estaria ela adaptando sua expectativa à nova realidade da vida de casados e de pais?

Se os parceiros caminham, decidem, sentem, pensam e vivenciam de maneira não integrada, aumenta a chance de cada um seguir por um caminho diferente. A falta de conciliação entre as realidades sutis do casal vai fazendo com que os parceiros deixem de compartilhar suas visões e sentimentos, e cada um passa a enxergar e vivenciar somente a realidade criada dentro de si, gerando uma distância entre eles nos níveis sutis. Os vínculos entre os parceiros vão se desequilibrando. Por isso, faz parte dos cuidados com o relacionamento manter continuamente o exercício de conciliação e integração na verdade. Aline esperava de Leo a atitude romântica e atenciosa de seu antigo namorado. Mas como será que ela agia? Como se dirigia ao marido durante as conversas: mostrava sua tristeza e pedia para ele mudar ou o acusava pelos problemas e exigia que ele mudasse?

Imagine duas pessoas que se relacionam a distância. Caso não exista uma boa interação e integração, a falta de convivência pode acabar afastando-as ainda mais. A distância física é apenas um tipo de distância, afinal podemos estar distantes também nos aspectos emocional, mental e espiritual. Ainda que estejamos grudados fisicamente, pode haver um abismo sutil gigantesco entre o casal. A distância física é facilmente percebida; a distância sutil, nem tanto. Podemos senti-la, mas é preciso mais atenção para lidar com ela.

Uma armadilha dessa questão são os motivos que nos levam a nos distanciar, os quais podem ser aparentemente tão fortes que nós os usamos como justificativas: os filhos, o trabalho, a vida atribulada, os familiares, o dinheiro etc. Não que tudo isso não seja realmente muito importante, apenas não deve ser usado como desculpa para nos mantermos na ilusão e nos eximirmos de nosso compromisso com o parceiro. Não podemos usar algo tão valioso como nossos filhos, por exemplo, para justificar nossa infelicidade afetiva. Escapar dessa armadilha é algo que exige muita lucidez e coragem, mas só assim podemos nos libertar de nossos medos, inseguranças e apegos.

A maneira de nos manter próximos é conciliar as diferenças de expectativas e limites, através da comunicação verdadeira. O canal de comunicação precisa estar sempre ativo e afinado. Mais uma vez, precisamos estar abertos para falar a verdade amorosamente, receber a verdade na energia do amor e não deixar que o medo tome conta de nós. Isso não quer dizer que não sentiremos os temores e as dores do Eu Machucado, mas saberemos contorná-los e usá-los a nosso favor, utilizando-os como ferramentas para identificar nossas energias distorcidas por trás deles e harmonizá-las. Não adianta tentar chegar à verdade pela percepção direta do Eu Machucado. É preciso buscar o que está por trás dos sentimentos negativos gerados por ele. Se não soubermos utilizá-lo a nosso favor, tudo que ele faz é nos afastar cada vez mais do amor e da verdade. Aline não se dava conta de que sua interação com Leo estava acontecendo através do Eu Machucado de ambos, e isso dificultava a comunicação e a conciliação, afastando-os cada vez mais.

## Como manter saudáveis os vínculos do casal?

As idealizações do relacionamento e do parceiro nos fazem criar todos os dias pequenas mentiras e ilusões que as sustentem e protejam. Mas ninguém fica realmente resguardado em uma ilusão. Atitudes impulsionadas pela carência e pelo medo, ainda que sejam mínimas e até realizadas de modo inconsciente, constituem sementes de energia distorcida que germinam, criando raízes profundas no solo de nossas memórias energéticas. Cada uma das respostas atravessadas, desconfianças não esclarecidas, ofensas sem desculpas vão se acumulando na forma de memórias sutis.

Aparentemente na melhor das intenções, querendo evitar conflitos ou resolver a situação, nos omitimos ou criamos brigas, gerando ilusão. Muitos parceiros estabelecem um acordo tácito, não declarado, de viver na harmonia ilusória. Ou, por outro lado, criam uma batalha em vez de conciliação. São aqueles típicos casais perfeitos por fora, mas que, na dinâmica interna, guardam várias desarmonias escondidas, mascaradas por atitudes do tipo "vamos colocar panos quentes e deixar as divergências para lá", ou aqueles que brigam por absolutamente tudo sem nada resolver, apenas agravando as distorções. Muitas vezes se estabelece uma zona de conforto, uma acomodação, e o relacionamento segue, mas sem verdade.

Não há nada de errado nisso, apenas uma escolha, mas precisamos ter consciência do que estamos escolhendo para nós e para nossa relação. Em alguns casos, essas distorções podem até mesmo afetar nossa saúde, manifestando-se como doenças e depressão, por exemplo. Quando essas distorções do relacionamento se manifestam de forma indireta, ou seja, fora do contexto direto do relacionamento, como no caso da depressão, e aparentemente o casal continua bem, fica mais difícil ainda rastreá-las. Quanto mais negligenciamos essas questões mal resolvidas, mais fortes elas ficam e com mais intensidade eclodem quando vêm à tona.

*As brigas entre Aline e Leo foram ficando insustentáveis. Ela chorava todos os dias, sentindo-se exausta, rejeitada e sozinha. Ele, por sua vez, reclamava que Aline estava sempre mal-humorada e que se sentia sufocado com os julgamentos e críticas dela. Não aguentava mais ter medo de ir para casa, pois não queria encontrá-la nervosa, sempre reclamando. Chegava a ficar dando voltas de carro pela cidade para demorar para chegar em casa e assim ficar longe das brigas. Desse modo, após um ano de casamento, ambos concordaram que não estavam dando conta do relacionamento e que a melhor solução era a separação.*

Apenas conversando e colocando as cartas na mesa, de forma clara e conciliatória, conseguimos elucidar o que está acontecendo nos níveis sutis do relacionamento. Isso não quer dizer que temos que falar absolutamente tudo que nos incomoda, a todo instante, mas precisamos buscar na dinâmica do relacionamento um ponto de equilíbrio. Precisamos falar o suficiente para não deixar acumular questões mal resolvidas dentro de nós, mas também não devemos saturar o relacionamento com colocações desnecessárias.

> **Reflita:**
> Como você se comunica em seu relacionamento? Quais os principais desconfortos que você deixa passar e em que omite sua verdade?

Isso só é alcançado com a prática, e os pequenos conflitos e atritos da convivência podem servir como treinos. Aline e Leo conversavam a partir do Eu Machucado de cada um, mergulhados nos sentimentos negativos de cansaço, medo, carência, impotência. Os dois tentavam mostrar o que o outro fazia de errado e se defender a partir de seus sentimentos de dor. Não havia uma real energia de conciliação e verdade em seus diálogos. É importante lembrar que colocações e observações são bem diferentes de reclamações e cobranças. Para manter o canal de comunicação funcionando, é preciso não só estar atentos para não deixar a verdade passar despercebida, como também saber colocá-la com a intenção adequada. Esse meio-termo relativo à regularidade e à forma de falar é particular a cada pessoa e cada casal, e Aline e Leo estavam tendo dificuldades para manter essa comunicação harmoniosa.

Essas dificuldades geram brigas, que costumam ser uma grande reclamação entre pessoas que pensam em se separar.

Os desgastes e a falta de consenso decorrentes dos conflitos se tornam tão pesados que nenhum dos parceiros acredita mais ter condições de levar o relacionamento adiante. No entanto, os desentendimentos não são a causa do desgaste, mas apenas um sintoma. Discussões e conflitos são a forma de externar as divergências e a falta de afinidades que existem primeiramente nos níveis mais sutis. Para que seja possível trabalhar essas diferenças, é preciso criar um espaço sutil de comunicação eficiente, e Aline e Leo não haviam conseguido fazer isso.

### Aceitando as diferenças

Todos nós somos muito diferentes, sentimos, percebemos, pensamos e nos expressamos de modo individual e particular. Em alguns aspectos, nossa maneira de viver pode ser parecida com a de nosso parceiro; em outros nem tanto, ou podem ser completamente diferentes. Se não partirmos da aceitação dessas diferenças, a comunicação – seja lá com quem for – fica difícil. O consenso acerca de questões que se passam no nível físico é mais fácil do que aquele que envolve a subjetividade dos sentimentos, emoções e pensamentos. Imagine que várias pessoas olham para uma maçã – todos concordarão que o que se vê é uma maçã. Mas, se pedirmos para cada pessoa morder essa mesma maçã e perguntarmos se estava boa, cada uma responderá de acordo com a maneira individual como saboreia a fruta. Uma pode dizer que estava ótima, outra que estava azeda, e outra que detesta maçã e por isso achou horrível. Ninguém está certo ou errado, são apenas percepções.

Portanto, se não considerarmos e ficarmos atentos ao fato de que, ainda que vivenciemos as mesmas situações que o parceiro, cada um as enxerga e sente de uma maneira, a comunicação se deturpará. É preciso compreender e aceitar essas particularidades (o que não quer dizer que precisamos concordar com o outro), respeitando as diferenças. Quanto mais nos voltamos para a verdade, mais esse canal de comunicação vai se afinando. A verdade é neutra e não tendenciosa (quem julga é o Eu Machucado), por isso somente através dela conseguimos nos comunicar de forma clara e eficiente. Ao se deixar ser contaminados pelos impulsos de acusação e injustiça do Eu Machucado, Aline e Leo causaram muitos danos nos laços sutis de comunicação e entendimento entre eles.

*Após duas semanas fora de casa, Aline voltou para arrumar suas coisas e ir embora definitivamente. Enquanto fazia as malas, evitava olhar para Leo, e sentia que isso era recíproco. Cada um em um cômodo, em silêncio. Ele estava muito nervoso, ficava isolado na área externa e, quando Aline se aproximava, ele se recompunha e fingia estar tudo bem. Ela fazia o mesmo. Ambos tentavam manter o sangue-frio e acabar logo com aquilo. Quando terminou de fazer as malas, Aline se sentiu paralisada, sem saber o que fazer em seguida. Estava à beira de uma crise de choro, mas tentava fingir que era forte e bem resolvida. Percebia que Leo se sentia da mesma forma, porque ele sabia que teria que pôr as malas no carro e levar Aline embora para sempre. Com uma postura orgulhosa, Leo perguntou: "E aí, tudo pronto?" Aline se sentia sem chão, mas continuava fingindo que estava tudo sob controle. Pegou as malas e as levou para fora da casa.*

## A verdade na comunicação

O desgaste nos relacionamentos muitas vezes é causado pela falta ou insuficiência de um espaço de verdade na comunicação e no entendimento entre os parceiros. Isso cria uma batalha entre as visões de cada um – em vez de se trabalhar a conciliação e a harmonia nos vínculos sutis, cria-se um desgastante cabo de guerra. Cabe aqui novamente a pergunta: Será que estamos nos comunicando através do Eu Machucado? Sem o cuidado da compreensão e do respeito pela individualidade do outro, a tendência é nos sentir feridos e querer nos defender e revidar cada fala e atitude do outro. Não prestamos atenção e, quando nos damos conta, já estamos imersos em uma guerra, em que machucamos o outro sem nem saber se era isso mesmo que queríamos. Quem está no comando? Nós, o outro ou a energia de medo e dor? Aline e Leo se deixaram tomar pela dor e pelo orgulho, típicos do Eu Machucado. Comportavam-se de maneira que não condizia com seus reais pensamentos e sentimentos e continuavam se comunicando de forma contraditória e superficial, tanto em suas palavras como em suas atitudes.

**Reflita:**
Que situações funcionam como gatilho para a manifestação do seu Eu Machucado em seu relacionamento?

Diante de alguma situação em que nossos sentimentos e atitudes comecem a se alterar, tomando um rumo desagradável, é importante perceber como as atitudes do parceiro estão tocando nosso Eu Machucado. Às vezes não é possível fazer isso imediatamente, como no calor de uma discussão, mas ainda assim temos o poder de não nos deixar levar por nossos sentimentos exaltados. Podemos pedir ao outro que respeite essa fragilidade, deixando claro que estamos conscientes de nossa responsabilidade sobre essa dificuldade, mas conscientizando-o sobre a maneira como ele toca nosso Eu Machucado e pedindo ajuda ao parceiro para que possamos nos melhorar.

*O quarto foi ficando vazio. Leo não aguentou e começou a desmoronar. Foi até Aline e perguntou: "Vai ser assim mesmo?" Ela respondeu com outra pergunta: "Como você queria que fosse? Achei que era isso que você queria". Então eles finalmente se desarmaram, olharam-se nos olhos e abriram mão do orgulho para dizer a verdade. "Eu queria que você tivesse demonstrado vontade de ficar", disse Leo. "E eu queria que você tivesse me pedido para ficar", respondeu Aline. Com a verdade dita, as lágrimas finalmente puderam ser demonstradas. Com o abraço, o beijo, não havia nada mais a ser dito. Ficaram abraçados em silêncio por um longo tempo, mas estava claro que diziam um ao outro: "Eu quero ficar com você!" Levaram as malas de volta para dentro da casa. O resto do dia foi meio triste, silencioso. Mas no dia seguinte a vida seguiu, como tinha que ser.*

A sinceridade interrompe a dinâmica entre os Eus Machucados, em vez de puxar o outro para a briga e a competição. Temos de ter cuidado para, nesse momento, não cair na vitimização ou no sentimento de superioridade. Não devemos nos colocar nem acima nem abaixo do outro, apenas constatar uma verdade e colocá-la de forma honesta. Isso nos ajuda, e o outro também, a reconhecer os pontos que tocam nosso Eu Machucado, para que possamos buscar as melhores maneiras de lidar com essas energias e harmonizá-las.

À medida que percebemos nosso Eu Machucado, podemos começar a perceber o Eu Machucado do outro. A reação do parceiro, sua mudança de fisionomia, tom de voz e atitude podem lhe dar pistas quando estiver lidando com as distorções do outro. Com todo amor e respeito, você poderá conduzir a situação, interrompendo o círculo vicioso de interações negativas.

Lembre-se: ainda que a outra pessoa não consiga realizar a parte dela, sempre temos a escolha de nos focar em nossa verdade e em nossa harmonização. Aline e Leo não conseguiram fazer isso enquanto estavam mergulhados nos sentimentos tóxicos de seus Eus Machucados. Precisaram ficar um tempo distantes para acalmar as energias distorcidas que os estavam sufocando. Ainda assim, durante o reencontro, levou um tempo para desarmarem os Eus Machucados e acabarem com o teatro do orgulho e da dor, para assumir a verdade e enxergar o que efetivamente estava se passando.

*Aline e Leo perceberam que o problema do relacionamento não era um com o outro. Na realidade, o casamento, o filho, todas as mudanças haviam sido bruscas e não planejadas. Por isso, ambos estavam tendo muita dificuldade para exercer os novos papéis que precisavam assumir. O casal se deu conta de que as coisas continuariam conturbadas por um bom tempo, até que pudessem se acostumar efetivamen-*

te a seus papéis individuais e se sentissem confiantes novamente para a relação. Isso exigiria paciência e disposição de ambos, mas eles toparam o desafio e assumiram o compromisso de tentar novamente.

### Por que não consigo me separar?

Diferentemente de Aline e Leo, pode ser que a distância criada entre os parceiros inviabilize o relacionamento. Quando nos afastamos demais do outro, alimentando os abismos de ilusões no dia a dia, minamos a saúde de nossos vínculos.

Todos temos como objetivo uma vida saudável e harmônica, mas é natural ficar doente ocasionalmente. Nossos relacionamentos também podem passar por momentos difíceis, em que a convivência se desarmonize. Entretanto, é saudável que isso seja uma exceção e não a regra. Devemos nos cuidar para manter a saúde em boas condições na maior parte do tempo, e nos curar quando eventualmente ficamos doentes. Não seria positivo viver doentes o tempo todo, sempre na esperança de um eventual momento de saúde. De maneira similar, os relacionamentos devem se manter dentro de uma faixa de harmonia para que sejam construtivos. Quando eles nos consomem em vez de nos enriquecer, é o momento de avaliar se isso é uma fase ou se se tornou a dinâmica dominante do relacionamento.

Em um atendimento que realizei, uma cliente relatou que tanto ela quanto o parceiro eram muito ciumentos e inseguros. Ela detestava a maneira como o marido usava seu maior poder econômico e *status* social para fazê-la se sentir insegura. Temia que ele encontrasse alguém do mesmo nível social e a traísse. Isso tocava a ferida de seu Eu Machucado, que a fazia se sentir diminuída por ter nascido em um bairro menos nobre e por não ter diploma universitário. O Eu Machucado dela, para revidar o do marido, usava o vínculo com o ex-marido, com quem tinha dois filhos. O ex vivia atrás dela, e ela usava isso para provocar ciúmes no companheiro, que já havia sido traído em outro relacionamento. Assim ela se sentia valorizada.

Ainda que não percebessem conscientemente, ambos usavam essas situações para despertar insegurança no outro e assim obter certo poder e controle a partir da fraqueza do outro, a fim de encobrir e proteger as inseguranças de seu próprio Eu Machucado. De forma sutil, isso transformava a relação em um campo de batalha, o que foi esgotando e consumindo cada um deles e o relacionamento. Com essa competição de força como cenário de fundo, uma série de peculiaridades e situações se manifestavam, refletindo essa energia. Todas as brigas e conflitos giravam de alguma forma em torno dessas feridas.

Inconscientes dessa dinâmica, cada um deixava seu Eu Machucado cair em acusações, julgamentos, raiva e agressividade. Ela emagreceu muito e ficou doente, pois a situação estava literalmente a consumindo. A cada briga, havia uma reconciliação e promessas de que as coisas melhorariam. Até o dia seguinte, quando as brigas recomeçavam. Apesar disso, eles não conseguiam se separar.

O sentimento de possessividade, a dor de imaginar o parceiro com outra pessoa, era algo insuportável. Em vez de ambos perceberem e aceitarem que precisavam trabalhar as próprias inseguranças, faziam cobranças e ficavam esperando as mudanças do outro. O Eu Machucado de cada um deles se recusava a enxergar os próprios desequilíbrios, pois eles entendiam que isso seria reconhecer a superioridade do outro. Nenhum deles percebia os próprios padrões de competição e orgulho. O relacionamento não deixou de ser uma oportunidade de aprendizado, mas nesse ponto havia se tornado um caminho pesado demais para a cura de ambos.

Existem situações em que a relação já se tornou extremamente nociva, mas mesmo assim não conseguimos nos separar. Ficar longe do outro parece ser tão ou mais dolorido que permanecer junto. Viramos reféns da situação, aprisionados entre escolhas que parecem apenas oferecer opções de sofrimento. Possessividade, sexualidade, dependência econômica, medo de ficar só – são inúmeros os desequilíbrios que podem fazer alguém se sentir preso ao relacionamento. Na realidade, o que nos prende não é o outro, mas nossas próprias distorções, que se "engancham" na distorção do outro. Nessa situação, existe um forte laço de Eu Machucado para Eu Machucado, em que os vícios energéticos ficam tão entrelaçados e dependentes entre si que se torna difícil separá-los.

Nesse caso, os parceiros não percebem claramente seus limites e a interação vai acontecendo de maneira confusa e não verdadeira, formando laços energeticos sem definição de identidade e de limites. Assim, utilizamos mal nossa energia e, ainda que acreditemos que amamos e somos amados, criamos dinâmicas distorcidas e até mesmo destrutivas, como agressões e abusos, sejam eles físicos ou sutis. Isso começa a gerar mais dor, em vez de ajudar a promover o equilíbrio, que é o grande propósito de um relacionamento afetivo.

Quando a dor excede o amor, a relação se torna destrutiva e perde o sentido. É natural que as interações nos relacionamentos oscilem entre momentos de mais amor e outros de mais dor. Cabe a cada um de nós avaliar que tipo de relacionamento queremos viver, o nível de dor que suportamos e estamos dispostos a aguentar e qual o nosso objetivo dentro da relação. Em alguns casos, a orientação terapêutica pode se tornar essencial, a fim de ajudar um dos parceiros ou ambos a se harmonizar, para então estar em melhores condições de fazer suas escolhas. Cabe a cada um perceber quais são seus limites e se quer ou não buscar esse auxílio.

### Qual a melhor escolha?

*Mais uma vez em sua história, Aline e Leo decidiram ficar juntos. Entenderam que a ajuda desinteressada nas pequenas coisas, que eles davam um ao outro, era o verdadeiro amor. Um prato de que ele gostava, uma música que ela queria ouvir. Era muito pouco perto de tudo que já haviam vivido juntos, mas o sentimento por baixo de todos os contratempos era tão puro e verdadeiro como antes. Perceberam que, ainda que tivessem passado por tantos problemas, aquele laço mais precioso continuava intacto. Hoje, Aline sabe que o amor se manifesta no bem-querer incondicional que os mantém próximos sempre, em qualquer situação, em qualquer fase.*

O casal finalmente chegou a uma conciliação na verdade. Enxergaram e desfizeram-se das ilusões acerca de si mesmos, do outro e do relacionamento, e compreenderam que não teriam aquilo que gostariam de ter um do outro, mas fariam o possível para se ajudar e apoiar. Aceitaram o desafio de enfrentar juntos todas as dificuldades, das quais agora estavam mais conscientes, e as tantas outras que ainda estavam por vir.

Quando nos questionamos sobre a continuidade de nosso relacionamento, devemos buscar as reais energias que nos levam a sentir e pensar em nos separar do parceiro. Cada relacionamento tem uma dinâmica específica, com suas particularidades. Aline e Leo perceberam que, apesar de todas as situações no nível físico indicarem que o amor não existia mais, nos níveis sutis ele continuava tão forte quanto antes. Nesse processo de rompimento de ilusões e reconhecimento e aceitação da verdade, puderam então seguir em uma nova etapa de sua história de amor, como revela o depoimento de Aline:

*"O amor que eu encontrei na minha vida é muito diferente de qualquer outro que eu pudesse supor ou imaginar. É simplesmente um vínculo que resiste a tudo e a todos, porque está nas mais profundas camadas da existência. Não vou dizer que meu casamento é a relação dos meus sonhos, porque seria mentira. Mas posso dizer que é uma realização muito grande cada dia que a gente se deita sem brigar ou que um gesto de carinho espontâneo desponta em meio à rotina massacrante. Um beijo, um olhar, um sorriso, um carinho, um presente, um convite, um cuidado, uma flor, uma foto, um passeio, uma ajuda, uma pergunta, uma resposta, uma dúvida, uma surpresa, uma carícia ousada... Cada pequeno gesto é percebido e recebido com muita alegria, pois é a prova de que, por trás de todos os fantasmas, de toda a rotina e de todo o peso da vida, existe um sentimento la-*

*tente e contínuo, que procura cada pequena brecha para se manifestar. E, quanto mais a gente acredita na força dele, mais ele se torna presente. Acho que isso é amor. Estamos juntos há mais de dez anos, e eu não sou mais a mesma pessoa, nem ele é, mas o sentimento que nos une, sim."*

Casais criam e fazem escolhas juntos, mas, ao contrário de Aline e Leo, que harmonizaram e continuam permanentemente harmonizando seus vínculos no amor e na verdade, os vínculos afetivos podem se desfazer, ou as distâncias sutis podem ficar tão grandes que não seja mais possível conciliá-las, como eles conseguiram fazer. Pode ser que o esforço necessário para isso seja tão grande que não valha a pena para os parceiros naquele momento. Às vezes não é falta de amor ou de vontade de tentar, mas respeito aos próprios limites. Pode ser que, naquele momento específico, os parceiros não tenham a estrutura física, emocional, mental e espiritual necessária para recuperar o relacionamento. Reconhecer nossos limites é importante para não entrarmos em um processo autodestrutivo nem prometermos mais do que podemos cumprir. Há momentos em que estamos tão longe da verdade que talvez seja preciso ficarmos sós para reorganizar e reconstruir nossa identidade.

A decisão de terminar ou investir na relação é uma escolha. Portanto, vale reforçar: não há opção certa ou errada, melhor ou pior – existe aquela que escolhemos e bancamos. Seja ela qual for – nos separar ou continuar apostando no relacionamento –, o mais importante é ter o mais claro possível que energia está nos movendo em nossa escolha e como queremos nutrir os vínculos afetivos daqui para frente. Independentemente da escolha, devemos investir nela fazendo tudo que pudermos, com a esperança de que dê certo, mas sem a expectativa de que tudo saia exatamente como esperamos. Todas as nossas escolhas são apostas, assim não há garantias. A única certeza é aquela que damos a nós mesmos. Se nos damos a segurança de que essa é nossa escolha, então não importa o resultado. Até porque os resultados serão condizentes com nosso conjunto físico e sutil, e só descobriremos tentando e vivendo, sempre monitorando nossos aspectos e interações sutis. Mais importante do que certo ou errado é o compromisso conosco e com nossa escolha, a fidelidade a nós mesmos antes de tudo.

**Reflita:**
Que energias impulsionam você a querer terminar o relacionamento? Que energias movem você a querer mantê-lo?
Você sente medo?

Toda escolha envolve riscos, que podem variar, mas sempre estarão presentes. Imagine que vamos fazer um investimento financeiro. Temos diversas opções à disposição. Algumas são consideradas mais agressivas, arriscadas: podemos ganhar mais, mas também perder mais. Outras são mais conservadoras, ou seja, ganhamos menos, mas os riscos de perda são igualmente menores. Porém, ainda que os riscos sejam menores, eles existem. Portanto, o primeiro passo é aceitar que nossas escolhas são como apostas, ou seja, implicam um risco. Não adianta tentar adivinhar, controlar, barganhar e exigir garantias.

Quando nos vemos diante de uma escolha, ficamos tão apreensivos com o que vai acontecer, focados em tentar prever a melhor opção, que esquecemos o mais importante: é nosso conjunto energético que determina o que vai acontecer, atraindo situações harmoniosas ou não. Os aprendizados que se fazem necessários para a harmonização de nossas energias estão gravados em nosso conjunto físico, emocional, mental e espiritual. Portanto, não podemos fugir das experiências desagradáveis pelo simples fato de tomarmos a decisão de nos separar ou não. Escolher continuar o relacionamento ou terminá-lo é como escolher o cenário que servirá de pano de fundo para nossas experiências, mas o que dita efetivamente as vivências é nossa consciência e nossa harmonia energética. Assim, quem tem um conjunto energético compatível com um aprendizado pela traição, por exemplo, não vai resolver a situação simplesmente terminando o relacionamento em que foi traído ou traiu. Se não houver harmonização no nível sutil, é bem provável que a pessoa inicie um novo relacionamento e novamente uma traição, ou alguma situação da mesma qualidade, aconteça.

Não adianta mudar o cenário e não mudar o personagem. A única escolha que garante a qualidade da vida afetiva é a busca constante pela nossa verdade e o trabalho contínuo de harmonização de todos os nossos aspectos, físicos, emocionais, mentais e espirituais, com foco no amor. Uma vez que nos decidamos, podemos nos manter firmes na certeza de que escolhemos o melhor caminho – pelo simples fato de que faremos dele o melhor que pudermos. Não há lugar para arrependimentos, pois, já que estamos em constante aprendizado, estaremos sempre vivenciando a melhor possibilidade. Ainda que a situação seja desagradável, é a melhor que pode ser naquele momento; basta aceitar que ainda estamos no caminho do aprendizado.

Optemos ou não pela separação, nossos aprendizados são o que tiramos de positivo de qualquer situação. Quando perguntamos a Aline o que todos esses ciclos de seu relacionamento haviam lhe ensinado sobre si mesma, ela respondeu com uma enorme lista de lições muito ricas e profundas. Compartilhamos a seguir algumas de suas preciosas percepções, para que elas possam nos inspirar em nossos aprendizados:

*"Após toda essa experiência, aprendi que não me conheço o suficiente para ter controle sobre a minha vida e que me desconhecer é o primeiro passo para fazer escolhas erradas e me distanciar dos meus sonhos. Portanto, enquanto eu fugir de mim mesma, das minhas limitações, defeitos, medos, inseguranças e responsabilidades, a vida sempre será incompleta. E será mais fácil jogar a culpa em quem está mais perto (o parceiro) do que encarar a realidade e resolver o problema de uma vez por todas.*

*Olho hoje para mim com mais honestidade e menos idealização, e isso me ensinou a olhar o meu parceiro com a mesma perspectiva. Sai a idealização do príncipe encantado e entra a realidade do ser--humano-cheio-de-conflitos que todos somos. Criticar e julgar o outro é apenas uma forma covarde de me eximir dos meus erros. Desviar a culpa para o parceiro só retarda o confronto com meus próprios defeitos, a resolução do conflito interno e meu desenvolvimento pessoal. Entendi que tudo começa e termina dentro de mim, e as coisas e pessoas externas apenas fazem parte do processo. Eu decido como reagir*

*e me comportar diante da vida, eu decido o que quero dar e receber, e eu sou responsável pelas escolhas e consequências que vivo.
Ser eu mesma é a coisa mais importante do mundo. Ao aceitar que o outro seja a coisa mais importante do mundo para ele mesmo, aí sim a relação começa a parecer amor de verdade. Estar bem comigo é o primeiro passo para estar bem com meu marido. Não adianta procurar a parcela de culpa dele; só eu posso resolver meu mal-estar. A base do amor está no amor-próprio: ao me aceitar e me amar, tiro a responsabilidade do meu parceiro de fazer isso por mim e permito que ele esteja comigo pelo prazer de estar comigo. E esse prazer deve ser para compartilhar a minha felicidade, e não ser responsável por ela. Percebi que sou mais emotiva do que imaginava e que muitas vezes minhas emoções tomam o controle da minha vida. Isso é assustador quando percebo que sou incapaz de definir que emoção está me dominando no momento. As emoções trazem sinais físicos do que está acontecendo dentro de mim, e assim se torna mais fácil identificar o que sinto. E, conhecendo minhas emoções, posso pensar na melhor maneira de expressá-las – a maneira mais construtiva e menos destrutiva possível –, e não simplesmente me deixar levar. Assim, pude perceber que sou mais fraca do que imaginava, mas também mais forte do que supus.
O contexto de relacionamento e sexo que aprendi na minha cultura e na minha criação conflitou com a realidade que vivi, então precisei reformular tudo. Dessa forma, percebi que devo ser mulher e não mãe do meu marido, e que devo ser amiga antes de ser amante dele. Descobri que tenho imensa dificuldade de me sentir amada e acabo transferindo isso ao meu parceiro. E que, quando não estou bem com ele, ou aceito logo a realidade ou volto atrás na minha escolha, mas*

*não posso perder tempo tentando mudá-lo. Enxergo hoje que remoer fatos passados é pedir para sofrer e não se resolver nunca.*

*Aprendi que o amor, quando existe, é eterno e perfeito. O que muda é a minha capacidade de amar e de ser amada, e isso depende de muitas coisas complexas, mas com paciência, consigo me entender, aceitar e elaborar novas estratégias."*

Para continuar a reflexão, conheça outras histórias de encontros e desencontros no amor que trazem padrões sutis similares aos da vivência de Aline e Leo, em www.personare.com.br/para-que-o-amor-aconteca. Você também poderá acessar o Fórum, ler a história deles na íntegra e enviar sua mensagem para o casal.

Agora reserve um tempo para fazer o exercício meditativo e depois responda às perguntas abaixo:

- Como você percebe os limites de sua identidade física, emocional, mental e espiritual? Como se sente ao reconhecer e colocar ao outro seus limites?
- Como você se comunica em seu relacionamento? Quais os principais desconfortos que você deixa passar e em que omite sua verdade?
- Que situações funcionam como gatilho para a manifestação do seu Eu Machucado em seu relacionamento?
- Que energias impulsionam você a querer terminar o relacionamento? Que energias movem você a querer mantê-lo? Você sente medo?

# 6
## POR QUE NÃO AGUENTO FICAR SÓ?

Aline reconheceu, aceitou e superou uma série de ilusões em seu relacionamento com Leo, e, depois de tantos aprendizados, os dois decidiram continuar juntos. Ana Carolina, por outro lado, viu seu casamento considerado perfeito terminar e precisou reaprender a ficar só, depois de nove anos compartilhando tudo com o marido. Assim como ela, Mara também viveu uma grande decepção no casamento e optou pela separação.

O processo pelo qual Ana Carolina e Mara passaram, depois de pôr um ponto final no casamento, inclui momentos de solidão. Estar só foi algo essencial para que elas pudessem elucidar melhor seus aprendizados, aceitar seus desafios e assim promover suas superações e se preparar para relacionamentos mais harmoniosos. Com a solidão, puderam reconhecer e trabalhar as ilusões que vinham carregando. Mas nem todas as pessoas encaram de forma positiva os momentos em que estão sem um par. Os aprendizados de quem se encontra só muitas vezes parecem mais penosos do que os daqueles que seguem acompanhados, afinal a solidão parece agravar o clima frustrante de algumas experiências.

> **Reflita:**
> Você precisa ter um parceiro para se sentir uma pessoa completa e feliz?

É comum as pessoas buscarem um relacionamento por acreditar que só serão felizes quando tiverem um companheiro. Como vimos nos capítulos anteriores, costumamos usar os relacionamentos afetivos para mascarar nossos vazios e energias distorcidas, e isso acaba agravando-os. O parceiro pode trazer bem-estar, mas, assim como as drogas, pode nos tornar dependentes de doses cada vez maiores e mais frequentes. O Eu Machucado demanda cada vez mais energia de "amor", nos fazendo exigir do outro cada vez mais. Se buscamos um par apenas para ter alguém ao lado, ou porque acreditamos que ter um parceiro é imprescindível para sermos felizes, então é preciso estarmos bem conscientes de que é esse padrão de falta e de dependência que determina a qualidade de nossas interações afetivas.

Você conhece alguém que tenha se envolvido com uma pessoa muito legal e construído um relacionamento agradável, até que um dia a pessoa simplesmente sumiu? Às vezes somos nós mesmos quem fugimos de uma relação que mal começou e nem ao menos sabemos por quê. Quantos amigos nossos já não se envolveram com um parceiro que depois se mostrou uma pessoa problemática? E atire a primeira pedra quem nunca lutou contra o sentimento de solidão! Uma das reclamações mais frequentes em meus atendimentos terapêuticos é a falta de um parceiro ou de um relacionamento saudável.

Essas situações e questionamentos se repetiram no Fórum Histórias Reais do Personare e são abordados neste capítulo. Apresentarei alguns aspectos que nos ajudarão a elucidar nossos padrões e a harmonizá-los.

## Por que só atraio relacionamentos que não dão certo?

Não faltam pretendentes, mas por que nenhum deles quer assumir compromisso? Por que acabam sempre voltando para a(o) ex, ou assumindo compromisso com outra pessoa? Por que sempre que meus relacionamentos engatam, logo descubro que a pessoa é problemática? Será que eu não mereço viver um relacionamento feliz? Recebo muitas queixas de indivíduos que se sentem fracassos afetivos ambulantes. Muitas vezes não faltam pessoas interessadas, pelo contrário, há muitos convites e propostas, mas nada que se aprofunde. Sempre que aparece uma oportunidade mais promissora, as coisas desandam e somem como uma bolha de sabão. Fica então a dúvida: O que estou fazendo de errado?

Viver um relacionamento ou um casamento não resolve a vida de ninguém. Acreditamos que desejamos um relacionamento com o objetivo de encontrar a felicidade, mas é nosso Eu Machucado que nos envolve nessa ilusão, criando sentimentos tão intensos e doloridos de carência que nos levam a crer que dependemos de alguém para sermos felizes. Portanto, as dificuldades afetivas acontecem porque nossas motivações mais profundas encontram-se distorcidas. Acreditar que precisamos de um parceiro para sermos felizes é algo tão difundido entre as pessoas e arraigado dentro de nós que não conseguimos nem questioná-lo. Esses padrões e crenças distorcidos, lembrando mais uma vez, são sentidos de maneira muito intensa e frequentemente nos trazem profunda tristeza e raiva. Eles nos deixam uma sensação de falta, como um buraco sem fundo. Mas, assim como um filme de terror nos traz uma sensação real de medo, mesmo sabendo que tudo não passa de uma encenação, os sentimentos de carência e vazio de nossa vida afetiva são interpretações distorcidas e irreais do Eu Machucado. Ainda que o mal-estar seja real, afinal sentimos a dor e o sofrimento, o que o causa não passa de uma ilusão.

Nossa vida afetiva começa a se distorcer quando, para preencher o vazio, em vez de cuidar da ferida sutil que gera o mal-estar, criamos uma dinâmica de dependência em relação ao outro para nos sentir bem. Buscamos no parceiro aceitação e acolhimento, mas sem perceber acabamos nos tornando uma espécie de vampiros, sedentos pela energia do outro. Sob a aparência de carinho, zelo, cuidado, amor, nossas emoções e pensamentos atuam como um polvo sobre o companheiro, sufocando-o nos níveis sutis com nossos tentáculos de carência, ansiedade, expectativas, medo da perda, vergonha de ficar sem um parceiro etc. Mesmo que nossa atitude seja distante e tente demonstrar indiferença, se internamente estivermos desesperados para ter um parceiro, bem provavelmente sufocaremos o outro nos níveis sutis. É claro que não fazemos isso intencionalmente, e é difícil reconhecer e aceitar que de alguma maneira estamos fazendo algo assim. É importante lembrar também que nem sempre nos damos conta desse desespero e dessa ansiedade. Achamos que estamos tranquilos, mas todas as crenças e pressões externas nos incomodam e nos fazem ter um medo oculto de estarmos sós, então preferimos acreditar que nem é tão grave assim, afinal muitas vezes temos vergonha de admitir a vergonha de não termos um parceiro. Mas vamos tentar olhar para essa situação sem olhos de julgamento.

Certa vez fui à praia e, ao entrar no mar, quase me afoguei com uma amiga, que tentava me ajudar a sair das ondas e da correnteza. Quando não conseguia mais respirar, percebi que estava afundando minha amiga na tentativa de me manter com a cabeça para fora da água. Eu não queria fazer aquilo, pois a estava afogando também, mas não conseguia evitar. Enquanto ela estivesse ao meu lado, eu me apoiaria nela e a faria afundar. É um instinto de sobrevivência, incontrolável.

Nesse mesmo impulso de sobrevivência, o Eu Machucado forma tentáculos sutis que tentam manipular o outro para que ele nos dê o que queremos. O vício sutil se manifesta no desejo incontrolável de aceitação e carinho por parte do outro. Se a pessoa com quem estamos saindo não liga e some, se ela não corresponde da maneira como desejamos, se não precisa de nós do modo como gostaríamos, ficamos enlouquecidos. É como uma crise de abstinência, que nos rouba o autocontrole. Essa vontade de "ter" o outro é realmente muito intensa e passa a nos comandar. Todos nós sabemos quanto uma pessoa viciada pode se descontrolar e fazer coisas horríveis por causa da força cega do vício. De fato, os vícios químicos e os sutis podem afetar nossas atitudes de maneira bastante parecida. Podemos até agredir o outro, seja das formas mais sutis, atingindo o emocional e o mental, seja fisicamente. Por exemplo, se a pessoa some, ligamos e enviamos *e-mails* para acusá-la, dizer que ela não tem consideração, mostrar como ficamos magoados ou bravos, xingar, arrumar mil argumentos para apontar as faltas do outro. Mas, cegos pelo vício, esquecemos de olhar para nós mesmos. Por que nos envolvemos com alguém que nos coloca em tal situação? O que essa vivência nos mostra sobre nós mesmos?

Imagine uma pessoa que considere o casamento algo essencial em sua vida, sem o qual ela nunca será feliz. O tempo passa e nada de um pretendente mais concreto aparecer. Até que surge alguém bastante interessante. Esse alguém tem um coração maravilhoso, mas está passando por um momento muito difícil e anda tendo problemas com alcoolismo. Há conexão imediata e um intenso sentimento cresce entre as duas pessoas.

Na intensidade do vício por "amor", emanamos padrões emocionais, mentais e espirituais que transmitem essa necessidade desesperada de ter um parceiro. Comunicamos em nossas interações sutis esse desequilíbrio, e outras pessoas que tenham um desequilíbrio complementar podem se sentir atraídas por nós. Nossa sede de "amor" transmite a mensagem sutil de que faremos de tudo para ter um parceiro. Isso é percebido, consciente ou inconscientemente, por aqueles que precisam de alguém disposto a fazer qualquer coisa para manter o relacionamento. Podem ser pessoas problemáticas, com dificuldades de compromisso, abusivas, comprometidas, enfim, qualquer pessoa que precise de um parceiro que aguente seu desequilíbrio e não termine ou se desapegue do relacionamento diante do problema.

Essas pessoas têm o desafio de encontrar alguém que as ajude a enxergar os limites de sua verdadeira identidade – já que tendem a invadir a verdade do outro para conseguir a validação de sua autoestima e a manipulá-lo com sua necessidade de ajuda. Fazem o outro se sentir obrigado a ajudá-las e desafiam o lado "salvador" do parceiro. Essas pessoas precisam de alguém que lhes imponha limites e lhes mostre que só elas mesmas podem se "salvar", para que dessa maneira possam enxergar os próprios limites e responsabilidades. Elas provavelmente se sentirão atraídas por parceiros que se deixem ser invadidos.

Por exemplo, a pessoa que tem problemas com bebida busca, consciente ou inconscientemente, um parceiro que tenha tendência a querer ajudar ou salvar o outro. E encontra alguém que, por sua vez, busca a própria validação no reconhecimento de seus esforços de ajuda. A pessoa com perfil de "salvadora" faz de tudo pelo parceiro, se sacrifica por ele, permanece ao seu lado nos momentos difíceis, mesmo que isso a machuque. Porém, caso ela não use seu impulso de ajudar de modo consciente e equilibrado, pode tentar manipular o outro de forma passiva, deixando o parceiro invadir seus limites físicos, emocionais, mentais e espirituais para depois cobrá-lo e fazê-lo se sentir culpado.

O parceiro pode, por exemplo, agredir essa pessoa de forma física, emocional ou mental, fazê-la passar por situações embaraçosas, exigir ser cuidado quando chega embriagado, usando a culpa dela. No impulso distorcido de ajuda, ela aguenta todas essas situações, mas passa a esperar o reconhecimento do outro e a exigir que ele faça o que ela quer, que dê o carinho e a atenção que ela julga merecer, dizendo ao parceiro que ele tem a obrigação de mudar como forma de honrar todo o esforço que ela fez para ajudá-lo.

Essa pessoa tem como desafio aprender a conhecer seus limites e a colocá-los ao outro de modo saudável, sabendo, por exemplo, dizer não quando mais uma vez o parceiro pede ajuda após uma bebedeira ou se impor quando ele a agredir emocional e verbalmente. Ela tem de enfrentar e superar o temor que seu Eu Machucado tem de abrir mão do comportamento que lhe dá aparente segurança de controle e poder sobre o outro. Em vez de se perguntar: "Como ele pôde fazer isso comigo?", ela precisa passar a questionar: "O que me leva a fazer isso comigo mesma e a permanecer nesse relacionamento?" Essa pessoa pode ter criado uma relação doentia para suprir o vício de seu Eu Machucado, sem entender conscientemente por que está vivendo tal relacionamento e por que é tão difícil sair dessa situação. Portanto, o relacionamento problemático é uma grande oportunidade para essa pessoa aprender muito sobre os próprios limites e sobre os machucados e vícios sutis que deve harmonizar.

Em contrapartida, o parceiro terá a oportunidade de aprender, com a força e o auxílio da outra pessoa, a resolver seus problemas e a vencer sua tendência de fuga pelo alcoolismo. Porém somente ele poderá fazer a escolha pelo aprendizado ou pela fuga. Ele pode preferir continuar usufruindo do bem-estar de seu Eu Machucado, na condição de vítima dos problemas e das bebidas, afinal tem a outra pessoa sempre à disposição e alimentando seu vício e sua condição de vítima.

Ao longo da vida, alternamos nosso papel na dinâmica das polaridades, em que somos ora o que se deixa invadir, ora o que invade a verdade do outro, ou extremos de outros tipos de padrões, como aqueles apontados nos capítulos anteriores. Podemos, por exemplo, atrair sempre pessoas que nos soam invasivas e sufocantes, ou somente pessoas que desaparecem sem explicação, ou os dois tipos. Elas nos mostram que nosso modo de nos relacionar está desequilibrado nessa qualidade, e cabe a nós perceber em que extremo estamos e assim buscar as causas e a cura de nosso comportamento.

### Levo minha vida afetiva de maneira harmoniosa?

Conforme já comentamos, pode fazer parte do contexto do vício do Eu Machucado a idealização dos relacionamentos, manifestada no desejo de viver o amor dos contos de fadas, de encontrar o homem ou a mulher da nossa vida, aquela pessoa com quem seremos felizes para sempre. Maria Izabel também se deixou levar pelas ilusões e idealizações românticas.

*Quando jovem, Maria Izabel não se considerava bonita. Achava-se muito magra, insegura e tinha uma personalidade mais tímida. Sentia-se carente de amor e proteção. Encontrou então nos estudos uma forma de expressar sua força e de mostrar ao mundo e à família seu valor. Mas, ainda que aparentemente focada na realização profissional, Maria Izabel sempre alimentou o sonho de ter um homem protetor, que suprisse suas carências e realizasse seus sonhos românticos. O casamento aconteceu no momento em que sua carreira deslanchava, o que representou para ela uma espécie de "coroação de seus esforços".*

Muitas vezes, criamos uma série de expectativas e ficamos esperando que elas se cumpram, ainda que secretamente, como Maria Izabel, ansiosos para que o grande encontro romântico aconteça, confirmando assim que somos bons e merecemos ser amados. Agimos como crianças pedindo presente ao Papai Noel, prometendo ser bonzinhos, fazendo o melhor possível para merecer ganhar o parceiro que vai nos fazer felizes. Prestamos atenção ao ditado: "Seja aquilo que você espera encontrar em seu parceiro". Então nos preparamos, fazemos tudo para nos valorizar, ficamos bonitos, cuidamos de nós e até nos mimamos, esperando que futuramente outra pessoa faça o mesmo por nós. Maria Izabel buscava autoafirmação e valor na vida profissional. Isso de alguma forma a fazia se sentir mais forte e merecedora de grande felicidade.

Pela realização profissional, Maria Izabel provava sua capacidade, e para ela o casamento seria uma recompensa por todos os seus esforços até então. Mas será que trabalhar a beleza, a simpatia, a carreira, a posição social e tudo o mais é suficiente para garantir a realização afetiva? Basta lembrar que não somos apenas seres físicos. Não adianta ser tudo que queremos somente na aparência, porque vamos vivenciar as experiências que estiverem na sintonia de nosso conjunto físico, emocional, mental e espiritual. Se o cenário for perfeito, mas toda nossa base sutil não, de nada adiantará justificar que estamos fazendo tudo certinho e que merecemos ganhar o que pedimos em nossas visualizações do parceiro perfeito. Se nossos aspectos sutis não estiverem minimamente equilibrados, como atrairemos relações saudáveis? Ainda que consideremos que não há nada desarmônico em nós, a vida sempre trará situações que nos mostrarão nossa realidade sutil.

Buscamos ser a melhor pessoa que pudermos, para assim estar na sintonia de um parceiro que também seja legal, mas vale a pena ficarmos atentos aos conceitos e parâmetros pelos quais nos guiamos. Certas ideias funcionam para uns, mas não para outros. Isso porque cada um tem aprendizados únicos, conjuntos físicos, emocionais, mentais e espirituais distintos, que definem maneiras de ser e também distorções e desafios diferentes. Dentro do contexto energético de cada pessoa, algumas técnicas, ideias e comportamentos são válidos e úteis, mas outros podem ser até prejudiciais.

Tomemos como exemplo o lugar-comum de que todos temos que ajudar os outros, ser generosos e doadores. Se a pessoa tem tendências mais egoístas e está tentando se aprimorar, esse conceito pode ser de grande valia em seu processo. Entretanto, para uma pessoa que já tem a tendência de se doar demais, essa diretriz pode ser muito prejudicial, pois ela vai achar que tem que ser mais doadora – e isso vai agravar ainda mais seu desequilíbrio. Ela passará a se sentir mal por não conseguir se doar mais e não perceberá que isso acontece porque está desrespeitando os próprios limites e que o problema é o excesso, não a falta. Quando tentar impor sua individualidade e harmonizar seus padrões, se sentirá culpada por precisar colocar limites ou dizer não aos outros, pois se sente incapaz de fazer isso.

Esse é apenas um exemplo, mas é muito importante selecionar que premissas, conceitos e ideias externas, entre tudo que nos é apresentado, realmente são construtivos para utilizarmos como diretrizes de nosso aprimoramento. Tudo que disserem que é bom fazermos precisa passar por nosso filtro e ser adaptado à nossa realidade individual. Devemos lembrar que todas as qualidades têm duas polaridades extremas e distorcidas e que o ideal é procurar o meio-termo entre elas.

Para nos harmonizar, é essencial nos desapegar dos fatores e parâmetros externos, ir além das aparências e focar nosso referencial em nós mesmos. Em vez de direcionar tanto esforço e nos desgastar tanto tentando ser perfeitos, como nos é exigido pelos outros e por nós mesmos, que tal redirecionar toda essa força para nos conhecer e para aprender a sermos simplesmente quem verdadeiramente somos?

### Deixo-me levar pela pressão externa?

*Invadida por uma paixão avassaladora, Maria Izabel nutria ideias românticas. Considerava seu casamento uma espécie de satisfação à sua família e à sociedade. Não percebia a dependência emocional que permeava sua relação, mas em seu íntimo sabia que seu marido não era o homem da sua vida. Ainda que externamente tudo parecesse perfeito, em seu âmago ela sabia que ele não atendia a seus anseios mais profundos. Porém, atendia ao que o mundo lhe cobrava e ao que ela pensava precisar: alguém para acompanhá-la pela vida.*

Uma das dificuldades que enfrentamos é a enorme pressão em torno das regras e prazos que ditam nossa vida afetiva, como a de que precisamos namorar, casar e ter filhos de preferência até os 30 anos. O fato de a maioria das pessoas efetivamente optar por esse caminho na vida afetiva, e de isso acontecer geralmente nessa faixa etária, não quer dizer que todos temos de escolher isso. Não existem regras, obrigações ou metas que nos tornem melhores ou mais normais. Não precisamos cumprir esses requisitos para nos sentir aceitos, a não ser que nós mesmos tenhamos escolhido depender da aceitação alheia. E, caso optemos por adotar esse padrão de "normalidade", devemos arcar com todas as consequências implícitas a essa escolha, como a autoestima atrelada ao relacionamento, sentimentos de frustração, felicidade condicionada ao outro etc. Não adianta reclamar, afinal é nossa própria escolha que traz esse peso e essa pressão.

Maria Izabel sentia que sua escolha não correspondia a seus verdadeiros desejos, mas atendia ao que o mundo lhe dizia que devia querer – e de alguma forma ela escolheu acreditar nisso. Essas regrinhas sociais podem estar impressas no Eu Machucado da maior parte das pessoas e reforçam a crença distorcida de que precisamos de um parceiro para sermos felizes, nos levando a experimentar diversas frustrações. Não existem regras para a felicidade emocional, a não ser aquelas em que escolhemos acreditar e seguir. Maria Izabel julgou que estava fazendo o melhor para si ao se casar, afinal era o que todos sempre lhe disseram e o que ela acreditou durante a vida toda ser o caminho correto para si.

Em meus atendimentos, ouço muito a seguinte justificativa: "Mas este é o curso natural da vida: nos relacionar, casar e ter filhos". Isso pode ser agradável para muitos, e na natureza realmente a maior parte dos animais vive para procriar. Mas nós, como seres humanos, somos diferentes justamente pela consciência e livre-arbítrio, que nos permitem ir além do instinto. Não há nada de errado em escolher o caminho convencional de namorar, casar e ter filhos, quando esse é nosso real desejo. Mas, se essa vontade for predominantemente motivada por ideias como "É o caminho natural da vida", "É assim que deve ser, é como as coisas acontecem", "Esse é o propósito da vida", "Tenho medo de ficar só", "Preciso de alguém", então já não estaremos utilizando o livre-arbítrio, e sim as memórias e crenças do Eu Machucado.

Encontro muitas pessoas cujo desejo de se relacionar é, em grande parte, decorrente da pressão externa. A pessoa até tem o desejo, mas todo o peso e o sentimento de decepção vêm da necessidade de aprovação, de se sentir "normal". Existe apenas um motivo realmente legítimo para nossos desejos: "Porque eu, em minha verdade, assim quero e escolho". Portanto, é preciso criar coragem para nos questionar e verificar quais são nossas reais motivações na vida afetiva.

## Quanto me deixo influenciar pelos padrões externos em minha vida afetiva?

Viver fora das regras impostas significa enfrentar resistências e julgamentos externos. Muitas pessoas não aceitam algo fora do convencional. Porém cada um de nós tem sua vida e suas escolhas, e ninguém pode nos tirar esse direito se não permitirmos isso. Quando não temos o poder pessoal e a autoestima desenvolvidos, os julgamentos e as expectativas alheias nos incomodam, pois tocam as feridas do nosso Eu Machucado, que nos faz sentir incapazes, anormais e menores que os outros. Portanto, o fortalecimento da autoestima e do poder pessoal se torna pré-requisito de nossa verdade e felicidade. De outra maneira, continuaremos dependendo do que está fora de nós para nos sentir bem.

*Após um tempo casada, Maria Izabel engravidou. Enquanto isso, a convivência do casal mostrava que ela e o marido eram muito diferentes. Mesmo antes do casamento, um abismo já havia sido criado entre eles, ilustrado principalmente pelas diferenças na vida profissional de ambos. Enquanto Maria Izabel evoluía com êxito, seu companheiro mergulhava em uma grande crise profissional. Ela percebia quanto havia se desdobrado para compreendê-lo nesse momento difícil e para fortalecer o casamento, mas isso não fora suficiente para harmonizar a relação. Ainda que se sentisse aprisionada pela situação, ela acreditava que o casamento deveria ser para sempre e que a lealdade à família deveria estar acima de tudo. Porém, quando sua filha tinha apenas 8 meses, Izabel foi surpreendida pela revelação de que o marido a havia traído, aquele homem que por tanto tempo tinha sido seu melhor amigo e com quem havia sido, apesar das dificuldades, feliz de alguma forma. Ainda que soubesse que a separação era a melhor escolha, ela sofreu muito com essa decisão, pois se viu obrigada a repensar toda sua vida, seus desejos e sonhos.*

Em seu íntimo, Maria Izabel percebia a distância sutil que a separava cada vez mais do parceiro, que na época ainda era seu noivo. Mas, movida pela empolgação da paixão e pelo desejo de ver seus esforços "coroados", acreditou que esse incômodo era algo insignificante e que o casamento seria o melhor para si. Afinal, ela faria de tudo para que desse certo. Quando decidimos seguir em frente em um relacionamento, apostamos que ele vai se desenrolar como queremos. Porém ele vai acontecer de acordo com a qualidade das intenções que colocarmos nele. Quais eram as motivações contidas no desejo de Maria Izabel de se casar? Ela apostou no relacionamento, porém suas intenções e motivações eram harmoniosas e verdadeiras? O desdobramento da história acabou mostrando a real qualidade de suas intenções.

A maior dor que Maria Izabel enfrentou foi o confronto com seus padrões distorcidos, que ela mesma havia negligenciado e acumulado até aquele momento. No fundo do coração, ela sempre soube que o casamento era mais uma convenção externa do que seu desejo genuíno, e a constatação de que havia se iludido ao longo de todos esses anos foi dolorosa. A separação a obrigou a se desfazer das ilusões que vinha alimentando até o momento e a repensar toda sua vida, seus desejos e sonhos. Maria Izabel precisaria, a partir daí, rever todos os seus conceitos românticos e vivenciar diversas experiências afetivas que a levassem em direção à sua própria verdade.

### Por que eu sempre fujo dos relacionamentos?

Podemos ficar tão assustados com a possibilidade de encarar medos e ilusões que, de modo consciente ou inconsciente, criamos dinâmicas afetivas distorcidas que nos ajudem a fugir desse confronto. Ainda que tenhamos o desejo de nos relacionar, o medo de enxergar e enfrentar nossas distorções nos leva a fugir.

Certa vez, recebi um *e-mail* de uma mulher – vou chamá-la aqui de Ana – que havia lido um artigo que escrevi para a *Revista Personare*, intitulado "Por que eles sempre somem?". A matéria abordava a questão dos sumiços repentinos e incompreensíveis de alguns homens, antes mesmo de o relacionamento engrenar de fato. Mas, diferentemente do caso citado no texto, Ana relatava que não eram seus pretendentes que sumiam, mas ela mesma. Não sabia identificar o porquê, mas percebia que, à medida que a relação ia ficando mais séria, seus sentimentos iam ficando confusos. Ela preferia se afastar, sumir, porque não sabia o que dizer ou como explicar por que não queria levar a relação adiante.

A falta de percepção e compreensão acerca dos próprios sentimentos nos leva a evitar o confronto com a verdade. É delicado chamar uma pessoa com a qual ainda estamos criando intimidade e dizer que vamos parar por ali, mas que nem sabemos o motivo. O medo por não saber o que está acontecendo nos assusta e nos faz agir novamente sob a influência do Eu Machucado, procurando sempre de forma superficial os motivos que levaram ao fim prematuro do relacionamento. Geralmente buscamos os porquês nos outros, em suas atitudes, em algo fora de nós. Pode ser que realmente não houvesse afinidade e que isso tenha sido percebido em pouco tempo. Mas, se ficarmos presos à superficialidade da situação, nos focando nos fatos externos, perderemos de vista o aprendizado, a indicação de nossas próprias distorções.

Vamos nos focar naquilo que é mais importante: Por que vivenciamos essa situação? Que padrões nossos estão relacionados a ela? Essa fuga pode ser manifestada por meio de diversos padrões negativos que nos levam a sumir da vida de um pretendente. Um deles é o vício pela intensidade da paixão. Quando ela passa, não nos sentimos mais preenchidos. Cria-se uma constante procura, cheia de encontros e separações, em uma sequência de casos intensos que, uma vez terminados, deixam como resultado um vazio ainda maior que o anterior.

No filme *Vicky Cristina Barcelona*, de Woody Allen, em um dado momento a personagem Maria Elena (interpretada por Penélope Cruz) acusa Cristina (Scarlett Johansson) de sofrer de "insatisfação crônica". O Eu Machucado de alguém como Cristina talvez seja viciado na intensidade da paixão. Uma vez consumada, perde a graça e tudo volta ao vazio. A abstinência do vício leva a pessoa, então, a buscar esse prazer em outro alguém ou situação. O Eu Machucado pode criar algo como uma "insatisfação crônica", e nada é suficiente para supri-la. As coisas parecem murchar inexplicavelmente, ou qualquer detalhe vira um defeito, de modo que até uma mínima sarda no rosto da outra pessoa passa a incomodar.

Outra possibilidade é quando temos gravado em nosso Eu Machucado o medo da perda, da separação, da rejeição ou do comprometimento. Experiências dolorosas de términos, separações e rejeições, ou de relacionamentos desequilibrados e doentios, podem criar memórias de dor muito fortes, tomando tal intensidade que se transformam em medo de se relacionar e de amar. O vício aqui é pela proteção. Nesse caso, vivemos os relacionamentos de forma superficial e descompromissada. Diante de qualquer ameaça de dor ou de sofrimento, começamos a nos desinteressar, movidos sutilmente pelo medo. De forma inconsciente, não sabemos lidar com a dor e não acreditamos ser capazes de fazer isso. Apesar de, no nível físico, acreditarmos que estamos abertos ao relacionamento, criamos uma energia refratária que afasta as pessoas de nós.

*A separação trouxe à tona medos que paralisaram Maria Izabel e deixaram feridas emocionais bastante profundas. Segundo ela, a dor da separação foi mais intensa até que a perda do próprio pai. Assim, mais uma vez ela buscou a fuga no trabalho. Esqueceu-se de si mesma, da mulher que havia dentro dela, e passou a se dedicar com todo o afinco à carreira e à filha. Tudo que ela sentia era um misto de medo de amar e responsabilidade de educar uma criança. Assim, Maria Izabel se entregou a um longo período sem nenhum namoro, nenhum amor.*

Maria Izabel não fugia de pretendentes e relacionamentos. Na realidade, seu medo de sofrer e de enfrentar o desconhecido caminho na busca pela verdade era tão intenso que ela se mantinha afastada de qualquer tipo de relação, blindando-se em sua estrutura sutil e tornando-a refratária a interações afetivas. Ainda que se aproximasse fisicamente de alguém, suas energias a afastariam de qualquer envolvimento. Ela encontrava no trabalho e na filha a justificativa perfeita para evitar qualquer tipo de interação afetiva, criando para si uma zona de conforto e de proteção. Maria Izabel criou uma masmorra energética na qual se mantinha isolada dos relacionamentos.

### Por que meus pretendentes somem?

Pode ser que não fujamos do confronto com nossos padrões de relacionamento de forma ativa, como nos casos que acabamos de citar. Porém, ainda que não estejamos fugindo ativamente do parceiro, podemos experienciar o extremo oposto, no papel da fuga passiva: o parceiro é quem foge e some. Você provavelmente já questionou por que nos sentimos atraídos por pessoas que se desinteressam facilmente. A resposta mais comum seria: "Porque atualmente muitos só querem curtição e sexo e fogem de compromisso, assim a probabilidade de isso acabar acontecendo é alta" – ou seja, somos vítimas das circunstâncias. Mas a realidade será bem diferente para aqueles que tiverem seu conjunto energético equilibrado. A realidade sutil não funciona de acordo com a lógica racional e linear, lembra-se? Portanto, nesse caso, não podemos simplesmente aplicar essa probabilidade, que leva em conta somente o nível físico.

Diante dessa afirmação, a tendência do Eu Machucado é se sentir revoltado e tentar argumentar que nem sempre é assim, que podem existir pessoas equilibradas que não encontram um parceiro à altura, que a oferta de pretendentes é limitada, que as pessoas hoje não querem compromisso, enfim, uma infinidade de justificativas que procuram disfarçar os desequilíbrios que se passam em nossos níveis sutis.

Se argumentamos que a maioria das pessoas disponíveis para se relacionar não está preparada para um relacionamento, será que nós mesmos estamos? Será que não estamos também fugindo do confronto com nossas próprias distorções? Querer um relacionamento e ter uma vida toda certinha no nível físico não significa necessariamente estar energeticamente apto para uma relação. Não existem pessoas que "não prestam" e que dificultam os relacionamentos, e sim um enorme número de indivíduos que ainda não aprenderam a lidar minimamente com seus aspectos emocionais, mentais e espirituais. Continuam presos em suas ilusões e fugas, vivendo relacionamentos que refletem essa qualidade, seja no papel ativo, seja no passivo. As pessoas que fazem parte desse grupo encontram umas às outras como oportunidades de aprendizado. Uma ajuda a outra a perceber que está vivendo na ilusão e fugindo do confronto com o próprio Eu Machucado. Portanto, o tempo todo elas têm a chance de mudar e de se harmonizar.

*Com a filha crescida, Maria Izabel não tinha mais desculpas para fugir de sua verdade. Novamente, ela se sentiu chamada pela necessidade de se conhecer e descobrir quem verdadeiramente era. Indo de um extremo a outro, abriu-se de forma ansiosa para conhecer outras pessoas. Foi nessa época que conheceu um homem maduro, inteligente, sagaz, sedutor, que a fez voltar aos sonhos de menina – um homem poderoso e protetor. As afinidades se davam em todos os níveis, inclusive no espiritual, o que para ela era indicativo de um vínculo profundo. O clima de paixão impulsionou Izabel a um relacionamento repleto de carinho e alegria. Mas depois de algum tempo o sonho desmoronou e ele a deixou. Conforme ela mesma afirma: "Como atraímos o que queremos, se não queremos certo, atraímos o errado".*

Quando não nos permitimos nos relacionar de maneira sincera, negligenciando o que se passa dentro de nós e idealizando o que está ao redor – e isso pode ser muito tentador, às vezes quase irresistível, afinal criamos nosso próprio conto de fadas –, acabamos nos colocando como parte do grupo de pessoas que não estão equilibradas o suficiente para se relacionar de modo harmonioso. Maria Izabel acreditava que, por seu novo parceiro ser uma pessoa espiritualizada e aparentemente mais consciente, ela podia se sentir segura quanto ao relacionamento.

Mas trabalhar o lado espiritual não é sinônimo de desenvolvimento e maturidade emocional. Indica que a pessoa está buscando o aprimoramento, mas mesmo quem está nessa busca pode ainda estar fugindo do confronto com seu Eu Machucado. Muitas pessoas trabalham a espiritualidade, mas esquecem de cuidar de suas feridas sutis e harmonizá-las, o que as impede de acessar sua verdade e as mantém na vivência mais superficial da espiritualidade. Apenas quando realmente nos trabalhamos para nos desfazer de nossas ilusões somos capazes de identificar com mais clareza se o outro está trazendo verdade ou ilusão para o relacionamento. Maria Izabel construiu uma idealização com base nas aparências que seu novo par lhe passava e viveu as consequências dessa atitude.

Estejamos sós ou nos relacionando, a falta de transparência vai obscurecendo e minando a vida afetiva a longo prazo, trazendo resultados danosos, como traições, relacionamentos traumáticos, separações desnecessárias, pessoas sozinhas e machucadas, pessoas com medo de se relacionar. Essas omissões em relação à verdade não só contribuem para as distorções individuais, mas alimentam os desequilíbrios coletivos das pessoas despreparadas para se relacionar. Isso porque, quando atuamos a partir da ilusão, também alimentamos a ilusão do outro. Assim, além de agir de maneira distorcida, estimulamos os comportamentos distorcidos do outro, que por sua vez vai interagir com outra pessoa também de forma distorcida. Portanto, nossa responsabilidade de curar nosso Eu Machucado e parar de alimentar as ilusões e distorções não é apenas uma questão individual, mas é bem maior. Quando não assumimos essa responsabilidade, nos colocamos dentro desse grande grupo de pessoas imaturas em que Maria Izabel novamente se colocou, sentindo mais uma vez o que é viver uma ilusão.

*Ter sido abandonada foi para Maria Izabel um fracasso ainda mais dolorido que o fim de seu casamento. Ela percebeu que novamente havia depositado sua felicidade no outro, em algo fora de si. Reconhecia sua responsabilidade pelo desamor, pelo engano. Mais uma vez havia se entregado ao "amor perfeito", idealizado e irreal. Percebia que havia ignorado todos os avisos que mostravam o desgaste, a situação falsa em que havia se colocado ao dar seu poder pessoal ao outro. A alegria da espera por um encontro havia sido substituída pela ansiedade, pelo medo do abandono e pela possessividade. Cobranças e desculpas começaram a surgir e o desencanto foi se instalando aos poucos. Com o tempo, Maria Izabel e o parceiro foram percebendo que seus objetivos de vida eram diferentes. Ele queria o clima de emoção e aventura, enquanto Maria Izabel buscava um companheiro mais próximo, mais participativo. Ela percebeu claramente, e des-*

*sa vez mais cedo, que precisava partir em busca do que realmente poderia preenchê-la: seus próprios sonhos, e não os sonhos alheios.*

A maioria das pessoas não consegue nem perceber que é responsável pelas próprias frustrações e continua a criar repetidamente as mesmas experiências frustrantes, sem entender por quê. Porém Maria Izabel nos prova que é possível desenvolver autoconsciência e responsabilidade, mesmo que isso exija algum tempo e algumas experiências repetidas. Ela já havia reconhecido, em seu casamento, a lição de que não podia deixar de ser ela mesma, entregar sua felicidade ao outro e se render às esperanças de viver um conto de fadas, e ainda assim repetiu o mesmo padrão no novo relacionamento. Apesar de estar bastante frustrada, percebeu a chance de mudar a situação e rompeu o círculo vicioso que vivia em sua vida afetiva.

**Por que me decepciono até mesmo quando decido ficar só?**

Cansados de tantos casos malsucedidos, podemos até ser tomados pela raiva e pelo rancor, que nos levam ao extremo oposto à procura por um parceiro. Em uma vingança contra a vida, decidimos ficar sozinhos e não viver relacionamento nenhum. Mas, se a escolha de ficar só é uma fuga e não uma escolha na verdade, estamos distorcendo mais uma vez nossa energia.

Pode ser que nossa lição seja justamente aprender a lidar com nossos padrões afetivos – portanto, não adianta fugir deles. Assim, quando estamos bem, ou pelo menos mais estáveis sozinhos, eis que de repente surge uma pessoa interessada em nós. Dizemos que não queremos nos envolver, afinal já estamos calejados de tantos fracassos. Mas a pessoa insiste, diz que não vai nos decepcionar, que nos quer e até nos espera se for necessário. Continua nos bajulando e dizendo tudo que gostamos de ouvir, até que nos rendemos. Então, quando estamos apaixonados, a coisa esfria e a pessoa some. Ficamos revoltados, magoados, com uma sensação de injustiça, como se a vida estivesse nos pregando uma peça. Pensamos: *Eu estava tão bem na minha, por que essa pessoa tinha que aparecer para estragar minha paz?*

Ao analisarmos superficialmente essa situação, pode parecer injusto nos esforçarmos para nos afastar de relacionamentos frustrados, e outra pessoa, mesmo sabendo de nossos traumas afetivos, nos demover de nosso objetivo apenas para nos decepcionar mais uma vez. Mas por que então entregamos nossa decisão novamente ao outro? Por causa de suas atitudes e promessas, que nos inspiravam segurança e garantias? Ainda assim, fomos nós quem escolhemos e apostamos na relação, ninguém nos obrigou a isso. Além disso, nenhum relacionamento é garantido, sempre se trata de uma aposta. Nós perguntamos então: "Mas por que essa pessoa mentiu dessa maneira?" As pessoas fazem coisas horríveis para alimentar seus vícios energéticos, e mentir é uma delas. Muitas vezes ela não está nem mentindo, o que fala é sincero, mas ela fala a partir de seu Eu Machucado e não tem consciência disso, da mesma maneira que ouvimos com nosso Eu Machucado sem perceber. Assim, a pergunta mais importante, mais uma vez, não é: "Por que o outro agiu dessa maneira?", mas: "Que padrões meus me levaram a vivenciar tal experiência?"

Se nos envolvemos com alguém tão instável, que se apaixona de forma tão fugaz, estamos tão imersos em nosso vício sutil quanto o outro está no dele, e ambos precisamos nos harmonizar. Podemos ficar tão tristes com a situação que somos tomados pelo medo do Eu Machucado. Ficamos tão apavorados com a ideia de nos decepcionar de novo que começamos a fugir de qualquer tipo de envolvimento, nos afastando cada vez mais de nossa harmonização, afinal a decepção acontece como uma oportunidade de nos libertar das expectativas. Somente aprendendo a lidar com as expectativas e confrontando os padrões por trás delas é que podemos quebrar o círculo vicioso de frustrações. Se queremos que o outro aja de forma honesta e saudável conosco, precisamos aprender a fazer isso com nós mesmos primeiro, lidando com as expectativas até que nossa harmonia interior não dependa mais tanto do outro.

Quando caímos na isca das falas e promessas de outra pessoa, criando expectativas que ela alimenta, nos deixamos ser energeticamente vampirizados. No momento em que preferimos acreditar nela, jogando o peso da expectativa em cima da promessa que nos é feita, criamos um vínculo afetivo desarmonioso. Não pelo fato de ter boa-fé e acreditar no outro, mas porque passamos a depender da ação dele para nos sentir bem. É nesse momento que entregamos nosso poder pessoal a outra pessoa.

Quando trabalho essa questão nos atendimentos que faço, costumo me deparar com resistência e revolta. Ouço argumentos como: "É melhor então nem tentar mais me relacionar, porque é muito complicado", ou "Não dá mesmo para acreditar nos outros", ou ainda "Tenho que virar um coração de pedra, para não me deixar conquistar por mais ninguém". O Eu Machucado aflora com toda força, tentando nos afastar do verdadeiro aprendizado, que é aprender a não depender do outro, bancar nossas escolhas e lidar com nossas decepções.

Consciente ou inconscientemente, quando a pessoa percebe que sua isca deu certo, ou seja, que nos conquistou, ela atinge seu objetivo. Nesse momento, já estamos empolgados e depositando expectativas nela, voltando ao velho hábito sutil que estávamos reprimindo. Passamos a ficar chateados quando ela não age do modo como esperamos, e a cobrar, ainda que inconscientemente, que ela cumpra tudo que nos prometeu nos momentos da conquista. Dessa forma, o jogo desequilibrado vira, e somos nós que passamos a tentar sugar a energia do parceiro. De maneira sutil, é como se nosso Eu Machucado falasse para o Eu Machucado do outro: "Eu lhe dei o que você queria, que era o bem-estar do gostinho da conquista, agora você tem que me dar o que prometeu".

O parceiro, por sua vez, terá a escolha de continuar ou não o relacionamento, de se deixar vampirizar ou não. Ele pode até fugir e sumir nesse momento. Ou pode resolver manter o relacionamento, mas bem provavelmente passaremos a precisar cada vez mais de sua atenção, tomando energeticamente a forma do polvo, pressionando-o a atender a todas as nossas expectativas, sob pena de nos ver bravos e magoados. Nosso Eu Machucado usa a intimidação, gerando no outro culpa e peso na consciência como forma de pressioná-lo a agir como queremos. Até que o parceiro se sente sufocado, de modo consciente ou não, e nos deixa, levando-nos ao início da situação, de volta ao começo do círculo vicioso.

Apesar de estarmos sós e aparentemente querendo dar um tempo nos relacionamentos, a crença de que precisamos de um amor para sermos felizes ainda é muito intensa e continua atuando em nosso conjunto sutil. Uma pessoa que tenha aprendizados complementares aos nossos percebe inconscientemente esses padrões contraditórios, "quero/não quero me relacionar agora", e essa afinidade de distorções se manifesta como atração por nós. Ela sente algo forte, por isso insiste. Afinal, apresentamos uma perfeita complementaridade a ela.

Um dos possíveis padrões que a pessoa pode apresentar é o de ser conquistadora, por exemplo. O Eu Machucado dela pode precisar de conquistas difíceis para atender ao vício de se sentir validado. Enquanto o vício da pessoa pode estar relacionado ao perfil conquistador, nosso padrão pode ser o de precisar de um parceiro, para atender ao vício de nos sentir amados. O conquistador é um bom "professor" para o carente, e vice-versa.

No momento em que a relação desanda e as coisas começam a ficar desagradáveis, começamos a ter mais clareza do vício de cada um. O conquistador pode perceber que a coisa desanda quando não há mais tanto espaço para exercer seu poder de conquista, pois a outra pessoa teoricamente já foi conquistada. O carente pode perceber que, quando não tem mais a mesma atenção que o parceiro lhe dava, ele sai do eixo, ficando ansioso, irritado e angustiado. Cada um precisa perceber que energias necessitam ser harmonizadas. Ambos precisam equilibrar as energias de amor-próprio e autoestima e aprender a não depender da energia alheia para se sentir bem.

Atrair um relacionamento que parece perfeito, quando estamos querendo ficar sós, não aumenta a garantia de que vai dar certo, como alguns gostam de acreditar. É comum ouvir que atrairemos um bom relacionamento quando nos desapegarmos da necessidade de ter alguém. Isso pode nos levar a crer que o fato de querermos ficar sozinhos vai equilibrar nossas energias e, se uma pessoa aparecer justo nesse momento, talvez seja um "sinal" de que finalmente atraímos o parceiro ideal. Porém, se esse desapego acontecer de forma racional, mas não for legítimo em nosso íntimo, o encontro indicará apenas que os aprendizados necessários podem ser mais bem conduzidos com um parceiro, sem garantias de que a relação efetivamente seja harmônica.

Pode ser que essas lições venham na forma de um relacionamento duradouro, em que as lições sejam aprendidas na dinâmica do casal. Ou na forma do sumiço do pretendente, ou de traições. Tudo isso quem dita é nosso próprio conjunto energético. Quanto mais conscientes estamos, mais conseguimos interpretar os aprendizados em cada vivência e mais somos capazes de fazer escolhas diferentes e lidar com os desafios afetivos.

### Condiciono minha autoestima ao sucesso das minhas relações?

O amor-próprio e a autoestima são fundamentais para uma vida afetiva saudável. No Fórum de Histórias Reais do Personare, várias pessoas comentavam que tinham que trabalhar a autoestima para ficar bem, atrair dessa maneira pessoas legais e se libertar das situações de rejeição – "Se eu gostar de mim, vou atrair um parceiro que goste de mim. Por isso quero aprender a me amar, para o outro também me amar". Cuidar da autoestima é positivo e legítimo, entretanto querer trabalhá-la com a intenção de conseguir um parceiro significa apenas nos enganar. Trata-se de disfarçar o vício do Eu Machucado para sabotar o trabalho de harmonização. Desenvolver a autoestima significa, entre outras coisas, trazer nosso poder pessoal para nós mesmos e não entregá-lo aos outros, ou seja, não condicionar nossa felicidade e valor a nada do que esteja lá fora. Isso nos dá condições de lidar com a rejeição, pois finalmente conseguimos não só entender, mas também aceitar que o outro não é obrigado a gostar de nós e que isso não influi no amor por nós mesmos.

*Apesar de todo o sofrimento com a nova decepção amorosa, Maria Izabel reverteu a situação despertando para uma nova fase, que ela chama de "caso comigo mesma". Ainda que a situação fosse dolorosa, ela sentia gratidão por tudo que havia acontecido e por ter coragem de agora se colocar como prioridade em sua vida, sem falsas expectativas. Passou a se escutar, a tentar se conhecer melhor e finalmente a se amar. Ela enfim entendeu que amor é troca e, como ela mesma diz, "se não é claro e limpo como água, se não escorre de coração para coração, sem dor, sem culpa ou cobrança, não é amor".*

Maria Izabel percebeu que, para ser capaz de viver esse amor, era preciso chegar à sua verdade, ao verdadeiro amor que reside dentro de cada um de nós. Afinal, os outros são a consequência, não a causa de nossos sentimentos. Se não atentamos para essa diferença, enfraquecemos nossos esforços para desenvolver autoestima. Se não nos esforçarmos para manter a sinceridade e a pureza de intenções, aquelas que motivam e impulsionam nossas atitudes, de nada adiantará nos trabalhar de forma superficial, pois os resultados também serão superficiais. Não serão sustentáveis, ou seja, não se manterão.

Enquanto nossa motivação para a mudança continuar sendo alguém ou algo lá fora, estaremos esvaziando nosso poder pessoal e não poderemos reclamar quando vivenciarmos resultados compatíveis com essa atitude. Claro que o que está fora deve ser levado em conta em nossas decisões, mas não pode ser a causa de nossas escolhas. Somente com escolhas centradas em nós mesmos trabalharemos efetivamente a autoestima e o amor-próprio.

Imagine que estamos no meio de uma multidão que elogia nossa beleza e ressalta quanto gosta de nós. Como nos sentimos? Agora vamos para um outro grupo, em que todos afirmam que somos feios e que não gostam de nós. Como isso nos afeta? Não ficamos repentinamente mais feios ou mais bonitos, mais simpáticos ou mais chatos porque as pessoas nos disseram isso. Continuamos sendo a mesma pessoa. Mas a maneira como nos deixamos afetar em uma ou outra situação depende de nós, de como nos permitimos receber os estímulos. Sentimo-nos orgulhosos e inflados quando somos elogiados? E diminuídos e humilhados quando criticados? Podemos ouvir com nosso Eu Machucado, que se deixa levar pelas opiniões externas, ou ouvir com nossa verdade, que pode até se sentir mais feliz ou mais triste, mas não orgulhosa ou diminuída.

## Quero ser feliz ou alimentar meu vício de "felicidade"?

Nossa vida pode ser uma real busca e conquista da felicidade, ou um esforço contínuo para preencher nossos vazios e faltas, suprindo nossos vícios. Podemos nos esforçar para nos libertar deles em um trabalho pessoal constante, ou nos manter em uma zona de conforto, alimentando o círculo vicioso satisfação/privação, euforia/tristeza. Nesse último caso, quanto mais ficamos sem um parceiro, mais desesperados nos sentimos para tê-lo e maior é a euforia quando o conseguimos. Acreditamos então que felicidade é essa euforia, e que precisamos passar por esse ciclo de abstinência/desespero.

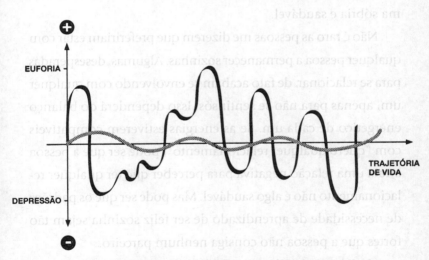

O equilíbrio de nossas energias é dinâmico e prevê oscilações. Este gráfico mostra a oscilação da energia de alegria. Quando estamos harmonizados (linha rosa), oscilamos de forma suave entre mais ou menos alegria. Podemos estar um pouco mais alegres ou tristes. Porém, quando nos desequilibramos (linha preta), essas oscilações ficam muito intensas e chegamos às polaridades da euforia, no extremo superior, e da depressão, no extremo inferior.

Ficamos assim viciados nesse sentimento de euforia, de ter, de alcançar, de conseguir o objeto de desejo. Só que, para chegar à euforia, é preciso passar pelo fundo do poço, afinal é a mesma energia em extremos opostos, e um serve de impulso para o outro. Euforia e desespero são dois lados da mesma moeda. Em contrapartida, o caminho da verdade não exige oscilações tão violentas entre sentimentos extremos, pode ser mais estável: os dois lados da moeda variam menos, e podemos dizer que ambos exibem felicidade e plenitude. Não podemos confundir a euforia do Eu Machucado com alegria e felicidade. Seria como confundir o êxtase de uma pessoa sob efeito de drogas com a sensação de leveza, paz e plenitude atingida de forma sóbria e saudável.

Não é raro as pessoas me dizerem que prefeririam estar com qualquer pessoa a permanecer sozinhas. Algumas, desesperadas para se relacionar, de fato acabam se envolvendo com qualquer um, apenas para não se sentir sós. Isso dependerá do balanço energético de cada um. Se as energias estiverem compatíveis com "quero qualquer relacionamento", pode ser que a pessoa atraia uma relação negativa para perceber que ter qualquer relacionamento não é algo saudável. Mas pode ser que os padrões de necessidade de aprendizado de ser feliz sozinha sejam tão fortes que a pessoa não consiga nenhum parceiro.

No Fórum de Histórias Reais do Personare e nos atendimentos que realizo, é comum notar pessoas revoltadas ao comparar sua vida afetiva com a de terceiros. Citam casos em que os outros parecem estar em uma situação equivalente ou "pior" que a sua, mas, enquanto eles conseguem se relacionar, elas continuam sozinhas. E ficam se perguntando: "Por que, mesmo vivendo situações idênticas, aquela pessoa conseguiu um parceiro e eu não?" Mas, se a situação fosse realmente idêntica à da outra pessoa, os resultados seriam os mesmos. A situação pode se externar de forma parecida no nível físico, levando-nos a crer que são semelhantes. Mas certamente as dinâmicas e o conjunto energético são diferentes. Por isso, cada pessoa vive situações que trazem possibilidades de aprendizado para o seu tipo específico de energia distorcida. Ficar nos comparando com os outros apenas nos tira de nosso principal foco: nós mesmos. A comparação acaba virando distração e desculpa para não assumirmos responsabilidade sobre nós.

Imagine duas pessoas que têm febre, mas uma delas está resfriada e a outra tem uma infecção generalizada. A primeira vai tomar analgésico e algumas vitaminas. A segunda vai fazer um tratamento de choque, com medicamentos fortíssimos. O sintoma é o mesmo: febre. Mas as duas apresentam realidades completamente diferentes, portanto o caminho de cura é diferente. Ninguém é injustiçado.

Às vezes me perguntam: "Por que aquela pessoa mentirosa, desonesta e traidora tem um relacionamento, enquanto eu, uma pessoa correta, honesta e fiel, continuo só? Isso é tão injusto!" Não se trata de injustiça, mas de energias e aprendizados diferentes! Assim, não adianta ficar remoendo pensamentos e questionamentos do tipo: "Eu faço tudo certinho, por que não consigo?" Não adianta perder a paciência. Podemos dar vazão à tristeza e à raiva que surgem, mas sem nos entregar a elas.

O confronto com o Eu Machucado costuma ser difícil para a maioria das pessoas. Encontro muitas mulheres resistentes a aceitar que não estão preparadas, ou que estão desesperadas para ter um parceiro. Externamente, mostram-se fortes e fazem um estilo indiferente. Dizem que não fazem questão de casar e ter filhos, mas lá no fundo estão fragilizadas pela frustração, que as consome por dentro, de ainda não ter um parceiro e pelo desejo reprimido de casar e constituir família. Não há mal nenhum em nos sentir assim nem é humilhante admitir isso, até porque estamos admitindo para nós mesmos.

Essas mulheres costumam fazer duras críticas aos homens, ressaltando quanto eles são fracos e despreparados para mulheres fortes como elas. Repare como o Eu Machucado, diante da rejeição, tende a querer diminuir o outro e se colocar como superior. De fato, considero que muitos homens ainda não aprenderam a lidar com esse perfil mais poderoso da mulher atual, mas será que as mulheres ajudam? Será que elas fazem sua parte e se esforçam de modo verdadeiro para ajudar os homens a lidar com essa dificuldade? Será que elas mesmas aprenderam a lidar com seus novos papéis? Estamos na energia de conciliação e amor, ou de competição e medo?

No outro extremo, em vez de se colocar como superiores, algumas mulheres se sentem diminuídas e tentam descobrir o que têm de errado, sentindo-se inferiores por não ter casado e constituído família. Ficam revoltadas porque a vida não lhes concedeu a merecida retribuição por fazerem tudo certinho e não atendeu a seus mais intensos desejos.

Enquanto estivermos sob o controle de nosso Eu Machucado, não conseguiremos viver o amor em sua forma verdadeira. O fato de não estarmos preparados para um relacionamento não nos faz certos ou errados, melhores ou piores que ninguém.

Significa apenas que ainda não estamos harmonizados. O mais importante é focar em nossas escolhas diante disso. Enfrentamos a dor da raiva, do orgulho e da depressão e buscamos a verdade? Ou alimentamos as desculpas e os sentimentos negativos e nos entregamos cada vez mais à ilusão? Afinal, que tipo de energias e relacionamentos queremos vivenciar? O que realmente queremos: atender ao vício do Eu Machucado ou harmonizar as energias distorcidas que geram esse vício?

## Como reduzir a ânsia de viver um relacionamento?

Ao expor todas essas informações, não desejo que as pessoas temam as experiências afetivas. O objetivo é que cada um de nós possa refletir e aprender a respeitar o que a vida nos traz, seja aquilo que desejamos ou não. Estar só é uma grande oportunidade para buscarmos nossa verdadeira identidade e nossos desejos e, consequentemente, vivenciar relacionamentos mais saudáveis e harmoniosos. Existem momentos em que juramos que já estamos prontos para um relacionamento, mas ele não acontece. Porém a vida sempre nos dirá se estamos de fato nessa sintonia ou não. O primeiro pré-requisito é não ficarmos desesperados para ter um parceiro. Se a falta de um relacionamento é algo que dói, esse é justamente o maior problema. Ao trabalharmos o amor-próprio, nos fortalecemos e superamos essa distorção.

Se o padrão que precisamos harmonizar for a dependência do relacionamento, não adianta ler todos os livros sobre como conquistar um pretendente e seguir tudo à risca, se não chegarmos à raiz da questão. Cada caso é um caso, mas a distorção que nos faz sentir que a felicidade plena depende do relacionamento por si só já indica um vício do Eu Machucado. A crença de que a vida só é plena quando vivemos um amor muitas vezes é tão sedimentada que fica difícil acreditar que podemos ser felizes sozinhos. E, quando cogitamos essa ideia, logo a rejeitamos, porque não queremos isso para nossa vida. Rejeitamos aquilo que mais nos deixaria aptos ao relacionamento: a independência e a integridade de nossa individualidade. Logo, a grande questão em jogo não é: "Por que não consigo um parceiro?", mas: "Por que estou tão ansioso para viver um relacionamento? Quais são os machucados energéticos que me levam a precisar de um parceiro?"

Não adianta procurar em nós apenas os aspectos que consideramos bons e positivos. É fácil achar que não há nada de errado conosco, que somos pessoas bonitas e bem resolvidas, e afirmar que o problema está no outro. Da mesma forma, também é fácil nos culpar, dizer que não somos bons o suficiente e ficar esperando que a vida prove o contrário. Enquanto nos enxergarmos como vítimas da situação, estaremos alimentando nosso Eu Machucado. Para sair desses padrões, o melhor exercício é buscar nossa parcela de responsabilidade na situação e nos colocar como agentes dela. Como meu Eu Machucado se nutre em um relacionamento? Sinto-me eufórico diante de um pretendente ou quando estou vivendo um possível relacionamento? Que energia tento obter da outra pessoa? Esses são apenas alguns questionamentos que podem nos dar pistas de nossos desequilíbrios e das lições a ser aprendidas.

*Maria Izabel afirma que a vida é uma lição. Mas que, para aprender, é preciso ter olhos para ver, pois tudo de que precisamos para nossa evolução é colocado em nosso caminho – as boas e as más situações. Ela acredita que, no fim das contas, todas as situações são boas – basta aceitá-las, descobrindo a lição encerrada em cada uma.*

O casamento de Maria Izabel e seu término trouxeram à tona as ilusões que ela havia criado a respeito da importância e da felicidade que seu relacionamento representava. Ela se deu conta de que ela mesma havia criado essas idealizações e se deixado levar por elas, entregando ao parceiro a responsabilidade sobre sua felicidade. O medo de enfrentar seu mundo interior emocional, mental e espiritual, que era desconhecido, a levou a se afastar de qualquer relacionamento depois da separação.

Após um período de fuga, decidiu se abrir novamente aos relacionamentos, mas ainda não havia confrontado aqueles padrões que tinha reconhecido em si na experiência do casamento. Eles não haviam sido aceitos e trabalhados, ficaram apenas escondidos dentro dela. Assim, o novo relacionamento foi um reflexo de suas distorções, que Maria Izabel vinha evitando enfrentar. Aqueles antigos padrões mais uma vez se manifestaram em sua vida, através do abandono por parte do novo parceiro. Mas dessa vez Maria Izabel resolveu encará-los, aceitá-los e trabalhá-los. Buscou a verdadeira autoestima e o amor-próprio, transformando sua forma de pensar, sentir e agir a partir da consciência que suas experiências lhe traziam. Hoje, ela entende que a busca por sua verdadeira identidade é um trabalho permanente, a cada dia enxergando, aceitando e desconstruindo suas ilusões e transformando seus padrões, através da mudança de sua consciência e de suas atitudes. Maria Izabel descobriu que somente assim poderá viver o amor que quer para si, o amor verdadeiro.

Foi preciso passar por duas grandes experiências afetivas desagradáveis para que ela encarasse suas distorções e as aceitasse. Às vezes precisamos de três, quatro ou até mesmo uma vida inteira de experiências desagradáveis para perceber e aceitar nossas distorções. Isso é, mais uma vez, uma questão de escolha.

Podemos aceitar nossos padrões negativos percebendo como nosso Eu Machucado se nutre do outro. Que tipo de validação exigimos que o outro nos dê? Carinho, atenção, sensação de sermos aceitos e acolhidos? É natural gostar de sentir tudo isso vindo do outro, mas não é natural *precisar* disso.

Quando os sentimentos de vítima ou de solidão começarem a nos atormentar, é preciso buscar nossa responsabilidade e focar no aprendizado que a situação traz. Se ainda não conseguirmos perceber quais são nossas distorções ou lidar com elas, é necessário nos acolher com carinho e pedir paciência a nós mesmos para continuar o processo de aceitação.

É preciso reforçar nossa escolha de buscar a verdade e administrar nossas "crises de abstinência" quando o Eu Machucado grita e esperneia como uma criança mimada dizendo que merecemos sim um relacionamento, que queremos um parceiro agora, pois precisamos dele para sermos felizes. Ou quando, ao contrário, ele nos diz que devemos mesmo ficar sozinhos, porque não merecemos ter um amor em nossa vida. É preciso ter perseverança para não deixar que ele fale mais alto e nos domine com sentimentos negativos, o que apenas traria mais um relacionamento distorcido.

Trata-se de um jogo que jogamos conosco, em que buscamos encontrar nossa verdade e harmonizar as energias de nosso Eu Machucado. Precisamos dominá-lo e utilizá-lo a nosso favor, não permitindo que isso se inverta. Essa habilidade requer exercício e prática constantes, e é aos poucos que vamos desconstruindo e harmonizando nossas distorções.

Alguns trechos deste capítulo provavelmente deixaram você incomodado, mas não se preocupe, pois isso nada mais é do que a resistência e a negação de seu Eu Machucado ao encarar certos fatos. Não é agradável reconhecer nossas fraquezas, assim como, para um dependente químico, não é agradável olhar para si e reconhecer seu vício. Mas o maior ato de coragem e amor que podemos ter por nós mesmos é nos olhar no espelho, reconhecer nossas desarmonias, nos aceitar, acolher e ajudar, assim como fez Maria Izabel. Que tal seguir o exemplo dela e começar agora?

*"Hoje sigo só, porém não em solidão. Sei que vou atrair alguém igual a mim, na mesma sintonia – de completude. Não sinto mais ansiedade nem angústia, pois finalmente sei que sou dona de mim, de meus desejos, de minha alma. Sei também que este 'caso de amor' comigo mesma vai durar para sempre. Ele alimentará a ternura e o carinho que um dia vou compartilhar com alguém especial."*

Após a experiência com o Fórum de Histórias Reais do Personare, Maria Izabel iniciou seu próprio *blog*, no qual continua compartilhando suas histórias, pensamentos e sentimentos. Saiba mais na página do livro: www.personare.com.br/para-que-o-amor-aconteca.

Agora reserve um tempo para fazer o exercício meditativo e depois responda à pergunta abaixo:

- Você precisa ter um parceiro para se sentir uma pessoa completa e feliz?

# 7
# HARMONIZE SUA VIDA AFETIVA

Se você chegou até este capítulo, com certeza muitas mudanças já se iniciaram em seu íntimo. Em alguns momentos, a leitura pode ter se tornado desconfortável, mas o incômodo representa justamente a sensação das energias desequilibradas sendo trazidas à sua consciência. Cabe a você deixá-las vir à tona, enfrentá-las e aceitá-las. Esse é o movimento inicial para a desconstrução e a harmonização de seus padrões negativos.

Se antes você atribuía os problemas de sua vida afetiva à falta de sorte, a partir do momento em que tomar consciência de suas dimensões sutis e perceber como elas funcionam, inevitavelmente começará a desmascarar e a desmistificar os fantasmas criados por seu Eu Machucado. Ao percebermos a mudança começando a acontecer dentro de nós, é comum ficarmos empolgados com a oportunidade de finalmente nos libertar da dor. Porém, ao mesmo tempo, pode ficar lá no fundo uma sensação de insegurança e vazio, que dificulta a aceitação da realidade e representa a força das memórias do Eu Machucado ainda gravadas em nossos corpos emocionais, mentais e espirituais.

O simples pensamento de mudar já incomoda o Eu Machucado, que cria medo. Por isso, em alguns momentos, as reflexões trazidas ao longo do livro podem ter soado desagradáveis e pesadas, parecendo esvaziar o encanto do amor. Na realidade, o objetivo é justamente o contrário: mostrar o motivo de sofrermos tanto em nossa busca amorosa – a ilusão – e trazer à tona a real beleza do amor. A verdade não acaba com nossos sonhos. Ela os faz mais reais e torna o amor possível. De fato, não é fácil reconhecer que o que nos faz sofrer é justamente aquilo que buscamos. Ao descobrir os conceitos e as maneiras pelos quais vivemos o amor ao longo da vida, como as idealizações românticas e expectativas que criamos sobre nós mesmos e sobre o parceiro, ainda que ansiemos por nos livrar do sentimento de frustração e do sofrimento, tendemos a resistir a nos desapegar de sua causa.

Um bom exemplo disso são os casos que presencio em meus atendimentos terapêuticos: pessoas que querem harmonizar sua vida afetiva, mas não querem abrir mão da necessidade de ter um parceiro para ser felizes. Ainda que esse seja o maior fator de desarmonia em sua vida amorosa, elas acham que, se abrirem mão desse desejo, vão acabar ficando sozinhas, e isso elas não querem. Forma-se um círculo vicioso em que a pessoa quer se livrar da desarmonia, mas, quando se depara com sua causa, diz que não quer abrir mão daquilo, então volta ao velho padrão, em que se repetem as experiências dolorosas para que novamente sinta que não quer mais passar por tais experiências, e novamente tenha de encarar a causa de tais vivências, e novamente tenha a chance de escolher curar os padrões desarmônicos. Na realidade, essa escolha está presente o tempo todo, não apenas no momento das experiências dolorosas. Basta ter percepção e esforço para enxergá-la.

O exercício de harmonizar nossas distorções exige antes de tudo muita atenção. Precisamos nos trabalhar permanentemente para não nos deixar levar pelo Eu Machucado. É necessário perceber como ele está atuando, sempre buscando alcançar o que está por trás da superficialidade da situação. Uma vez que percebemos os padrões, é preciso trabalhar sua aceitação e procurar interromper, redirecionar e alimentar nossos pensamentos e sentimentos de forma equilibrada. Com isso, trabalhamos nossa consciência não só de modo racional, mas também com o sentir. Se isso for um hábito em nossa vida, fortaleceremos cada vez mais a habilidade de perceber os padrões antes que eles se agravem e nos tornaremos capazes de evitar tantos eventos desagradáveis em nossa vida. Ainda que por vezes deixemos as distorções chegarem a um nível crítico, é possível encará-las de forma positiva. Mesmo que na dor, buscamos perceber o que está por trás dela e o que nos levou a ela, como nas histórias apresentadas ao longo dos capítulos anteriores.

Perceba que tanto para Mara como para Aline e Maria Izabel, as circunstâncias negativas foram levando-as a perceber as distorções e idealizações que permeavam sua vida afetiva, mantendo uma série de ilusões acerca do parceiro, de si mesmas e de suas vontades e motivações. É como se elas estivessem míopes para o que acontecia tanto dentro quanto fora de si, e os acontecimentos fossem a chance de corrigir essa visão distorcida. Cada uma delas pôde perceber suas distorções e escolher mudar diante dessa consciência, cada uma à sua maneira.

Ainda que aos poucos, podemos mudar a qualidade de nossos aspectos sutis. É um trabalho de reeducação e recondicionamento, que exige persistência e coragem. Não há segredos. Como tudo na vida, é uma questão de aprendizado, prática, paciência e disciplina. Para auxiliar nessa mudança, podemos recorrer a exercícios escritos, afirmações, meditações guiadas e visualizações. Essas são apenas algumas das ferramentas que podem ser utilizadas para realizar mudanças e lidar com os momentos de crise. Você pode encontrar mais informações e dicas sobre cada uma delas na página www.personare.com.br/para-que-o-amor-aconteca. O exercício meditativo apresentado no capítulo 1 pode também ser utilizado como uma dessas ferramentas. Além disso, podemos criar nossas próprias ferramentas e estratégias de conscientização, que nos ajudem nesse processo.

## A importância das atividades meditativas

Atividades meditativas são imprescindíveis neste caminho de harmonização. Através delas, exercitamos a capacidade de acalmar a mente, treinando a habilidade de perceber e lidar com nossos níveis mais sutis – que provavelmente estará bem "enferrujada" –, acalmando nossa habilidade racional e assim equilibrando essas duas habilidades. Pode ser difícil perceber como atividades meditativas podem nos ajudar, mas serei enfática ao ressaltar a enorme importância de sua prática para a harmonização de nossa vida afetiva.

Digamos que a meditação representa algo como uma "musculação da consciência e da percepção". Ela constitui o estímulo e o exercício necessários para desenvolver nossa percepção sutil. Sem o treino dessa capacidade, não conseguiremos nem identificar nossas distorções, ou, ainda que consigamos, a falta de aprimoramento nos impossibilitará de perceber os níveis mais sutis. É essencial equilibrar nossas inteligências para lidar de maneira integrada com o mundo material e sutil.

A maioria das pessoas tem preguiça de meditar, pois acha que isso significa fechar os olhos, manter a postura ereta, as pernas cruzadas e não pensar em nada. Essa não deixa de ser uma das formas de meditar, mas existem diversas técnicas, linhas meditativas e mesmo atividades físicas que nos ajudam a exercitar a interiorização de que precisamos. A ioga e o *tai chi chuan*, por exemplo, ajudam a criar mais consciência interior, apesar de trabalhar com movimentos. O mais importante não é a técnica meditativa em si, mas o estado de consciência que ela nos ajuda a alcançar, e cada pessoa tem suas próprias maneiras e preferências para alcançá-lo.

O exercício proposto no capítulo 1, para fazermos ao fim de cada capítulo, não é propriamente uma meditação, mas busca a qualidade meditativa, na medida em que nos permite acessar nossa percepção mais profunda e intuitiva. É um primeiro passo para começarmos a treinar a interiorização, que pode então ser cada vez mais aprofundada pela prática efetiva e regular da meditação.

Podemos criar essa qualidade meditativa até mesmo em nossas atividades cotidianas, se as realizarmos de modo totalmente presente e consciente. Podemos tomar um banho realmente prestando atenção no que estamos fazendo, sentindo a água, o sabonete, nossos movimentos. Se estivermos caminhando, podemos ficar atentos aos nossos passos, ao cenário à nossa volta. Se estivermos brincando com nossos filhos, podemos estar completamente presentes e disponíveis para eles naquele momento, e não com a cabeça nos problemas do trabalho, na próxima refeição ou naquele aborrecimento com o parceiro.

Podemos buscar as atividades meditativas com as quais nos sintamos mais confortáveis e que sejam mais eficientes para nós. Para isso, precisamos ter iniciativa para procurar, até encontrar aquelas mais adequadas. Não adianta tentar meditar um ou dois dias e achar que não gostou ou não conseguiu. Isso por si só já é um treino de perseverança e disciplina. Experimentar significa se permitir vivenciar o suficiente para saber se existe identificação ou não.

## Quando o auxílio terapêutico se torna necessário

Muitas vezes, nem mesmo toda consciência e todas as ferramentas que utilizamos individualmente são suficientes para nos manter em harmonia. Certas situações nos levam a padrões e machucados sutis tão intensos que precisamos de ajuda. Geralmente isso é percebido naquelas questões em que a dor é muita intensa ou que temos grande dificuldade e descontrole ao lidar com elas. O auxílio terapêutico, seja das terapias convencionais, seja das holísticas e energéticas, dependendo do caso, pode nos dar suporte no caminho da harmonização.

Não é preciso esperar chegar a situações doloridas para procurar orientação terapêutica, assim como não é preciso estar doente para ir ao médico. Podemos buscá-la com fins preventivos ou para obter os melhores direcionamentos para conduzirmos nossa harmonia. Tudo depende do objetivo de cada um. Mas, da mesma maneira que muitas vezes a ajuda do médico é indispensável no cuidado de certos machucados físicos, em muitos momentos os terapeutas podem ser imprescindíveis na cura dos machucados sutis. Ainda assim, eu não diria que há um momento certo para se procurar um terapeuta, mas o momento que cada um escolhe e considera ideal para si. Quanto mais treinarmos a percepção sutil, mais conseguiremos perceber que momento é esse.

Em meus atendimentos, sigo a linha terapêutica do sistema vibracional Acquântica, criado pela terapeuta Ideny Pavão, mas existem inúmeros sistemas, técnicas e ferramentas que podem nos auxiliar no caminho da harmonização. A orientação terapêutica aliada a técnicas energéticas, como *reiki*, Magnified Healing, radiestesia e radiônica ou florais, pode ser bastante útil. Esses são apenas alguns exemplos dentre as muitas técnicas energéticas às quais podemos recorrer.

Cabe a nós pesquisar, buscar informações e permitir que nossa percepção sutil nos ajude a escolher que técnicas deveremos experimentar quando precisarmos de apoio. Cada um se identificará mais profundamente com certas técnicas e certos terapeutas. Essa identificação é uma simpatia no nível do sentir e não do pensar. Não adianta estudar, entender uma técnica e achar que é daquilo que você precisa se não se *sentir* efetivamente identificado com ela. Pode ser que, em diferentes momentos, diferentes ferramentas, técnicas e caminhos terapêuticos sejam mais apropriados.

O mais importante é nunca desistir de nós. Mesmo diante das piores experiências, mergulhados nos sentimentos mais negativos, sempre há a escolha de nos levantar e seguir em frente, lembrando que não estamos sós em nosso caminho de harmonização – e que, se for preciso, há diversas ferramentas e terapias disponíveis para nos ajudar.

## Armadilhas e estratégias para o caminho da harmonização

Quando nos dispomos a transformar todas as situações em oportunidades de aprendizado – como sinalizadoras de nosso estado, mostrando como está nosso conjunto energético e que padrões distorcidos devemos harmonizar –, ficamos sujeitos a diversas "armadilhas" do Eu Machucado. Às vezes de maneira mais clara, outras de forma bastante sutil, o Eu Machucado tende a sabotar nossas tentativas de harmonização e a nos afastar de nossa verdade, criando sentimentos desagradáveis e percepções equivocadas. É essencial estarmos atentos para que, quando cairmos nessas armadilhas, sejamos capazes de perceber o mais rápido possível e assim nos libertar.

### Armadilha nº 1: E se eu sentir preguiça de continuar meu processo de harmonização?

O ideal é não chegarmos a ter experiências desagradáveis, mas geralmente só nos dispomos a compreender nossas questões quando já nos encontramos em situações problemáticas. Se há alguma coisa ruim em nossa vida, concentramos esforços para sanar a situação. Mas, assim que ela melhora, desviamos a atenção e geralmente a deixamos de lado novamente. Ou seja, nos voltamos para a verdade somente quando nosso grau de distorção e ilusão é tão forte que nos traz situações e relacionamentos dolorosos. Caímos em uma certa inércia e preguiça que nos levam a estar atentos e buscar a harmonia somente quando já estamos com dor.

Como vimos na história de Maria Izabel, ela já havia aprendido, em seu casamento, que condicionar a própria felicidade ao outro e esquecer de si era um caminho certo para a infelicidade. Uma das razões que levaram ao fim de seu casamento era justamente essa. Ela passou um longo tempo no mesmo desequilíbrio, porém no extremo oposto: afastou-se completamente de qualquer tipo de envolvimento afetivo. Ao abrir-se novamente aos relacionamentos, entregou-se à euforia de ter um parceiro e repetiu o velho padrão que a havia levado à infelicidade no passado – deixou-se levar pelas aparências de um relacionamento promissor e colocou o foco no parceiro. Perceba como ela se manteve oscilando entre os extremos do padrão "precisar de um parceiro para ser feliz", pois ainda não havia encontrado o equilíbrio dentro de si.

Maria Izabel teve períodos de acomodação, tanto em um extremo, quando condicionava sua felicidade ao relacionamento – durante o namoro e o casamento e depois novamente no namoro, após a separação –, quanto no outro, no tempo em que esteve separada, mantendo-se afastada de qualquer tipo de envolvimento, condicionando sua felicidade e segurança à inexistência do relacionamento. Quando vivenciava esses extremos, ela não estava trabalhando o real motivo de seu desequilíbrio: a falta de autoestima e de poder pessoal. Durante os relacionamentos, seu foco ficava no companheiro, que a distraía com o bem-estar gerado pela relação; após a separação, a fuga do confronto consigo mesma e com seus padrões distorcidos se dava pelo trabalho e pela filha, que a distraíam com a sensação de proteção.

Quando tudo parece bem em nossa vida afetiva, relaxamos, tendemos a não prestar atenção em nós mesmos, nos distraímos e nos apegamos ao sentimento de bem-estar, tirando o foco da verdade e colocando-o na relação.

Assim como fazemos com nossa saúde, devemos cuidar permanentemente de nossos aspectos emocionais, mentais e espirituais. Quando nos recuperamos de uma situação dolorosa, isso não quer dizer que podemos deixar de cuidar dessa questão. Significa que o momento de crise e de dor aguda passou, que saímos do extremo. Quer dizer que finalmente estamos fortalecidos o suficiente para seguir mais conscientes e nos aprofundar em nossa verdade sem tanta dor, e assim poder nos manter numa oscilação mais harmoniosa, sem precisar chegar aos extremos. Por isso, é preciso atenção constante para nos manter mais equilibrados.

O tempo todo temos a oportunidade de melhorar. Se não cuidarmos continuamente de nós, mesmo quando nos sentimos bem, vamos deixando as coisas acontecerem de forma inconsciente de novo, até que a situação fique crítica mais uma vez e nos vejamos sem forças diante de uma realidade pesada e difícil. Novamente observamos a criação do círculo vicioso: deixar as coisas acontecerem de modo inconsciente até elas atingirem um estado de ilusão crítico, levando a momentos de dor que exigem grande esforço para ser sanados. Uma vez amenizada a dor, voltamos ao estado relaxado de deixar nossas escolhas serem tomadas de maneira desatenta. Fazemos isso repetidamente, criando algo como uma doença sutil crônica. Se estivéssemos conscientes o tempo todo, poderíamos perceber nossos aprendizados quando eles ainda se apresentassem em situações brandas.

Lembre-se: a vontade de mudar não precisa vir da dor. Podemos criar e fortalecer essa vontade por nós mesmos, treinando-a e estimulando-a. Assim como fazemos musculação para fortalecer os músculos, podemos treinar a força de vontade e a atenção, criando hábitos sutis positivos, como pensamentos e sentimentos que fortaleçam a autoestima, a permanente autorresponsabilização pelas situações da vida, a consciência de que nossa felicidade só depende de nós, o foco nos aprendizados, só para citar alguns. Em vez de gastar nossa energia com sentimentos, pensamentos e atitudes do Eu Machucado, nós a utilizaríamos de forma positiva.

*Estratégia nº 1: Exercite sua força de vontade e seu poder pessoal*

Afinal, quero equilibrar minha vida afetiva ou não? Toda vez que sentir preguiça ou dúvida, lembre-se dessa pergunta e interrompa de alguma maneira os pensamentos e sentimentos que estiverem dominando você. Para ajudá-lo a sair desse estado, faça algo que o auxilie a quebrar essa energia e que se torne uma porta de saída para a negatividade. Experimente tomar um banho, ouvir uma música de que você goste, respirar fundo. Preste atenção na sensação gostosa do banho, da música, do ar que respira ou da atividade agradável que você escolheu. Crie seus próprios mecanismos de interrupção do Eu Machucado, busque as portas de entrada para as energias positivas e mantenha-se dentro delas.

Se você relaxar e se distrair, a programação padrão negativa poderá voltar, portanto é preciso persistir até que o hábito emocional, mental e espiritual tenha sido reprogramado. Isso não é algo pontual, mas uma atitude que adotamos na vida para ser realizada permanentemente. É nessa persistência que fortalecemos nossos "músculos da vontade".

Se decidimos mudar nossa alimentação com o objetivo de emagrecer e ter mais saúde, a simples tomada dessa decisão não faz nossos desejos alimentares mudarem ou nosso corpo perder peso. As mudanças acontecem com a manutenção dessa decisão a cada segundo seguinte a ela. Elas não se concretizam da noite para o dia, pois não se trata de um trabalho pontual. Isso exige esforço, é um exercício constante de recondicionamento.

O mesmo acontece com nossos corpos sutis. Vamos harmonizando nossas feridas sutis aos poucos, na medida em que damos conta de acessar suas energias distorcidas. Por isso, geralmente nossos padrões de distorção são trabalhados por etapas.

A cada oportunidade, podemos equilibrar uma quantidade e um nível de energia desequilibrada. Trabalhamos cada vez mais profundamente a mesma questão, o mesmo padrão negativo, que vai se mostrando cada vez mais sutil e menos intenso, porém mais profundo.

Mara mostra em sua história, no capítulo 4, que ao longo do casamento foi desfazendo uma série de ilusões, trabalhando alguns machucados sutis que vinham à tona. Agora, já separada, continuará se aprofundando na cura desses mesmos machucados em níveis mais sutis. Ela mesma diz que deixou guardados muitos sentimentos, para ter forças para seguir em frente. Ainda não estava preparada para lidar com certas questões na época em que estava casada. Porém agora, com todo o aprendizado e o fortalecimento conquistado ao longo do processo, ela poderá acessar com outra consciência e percepção essas questões mais profundas que ficaram guardadas.

Imagine uma pessoa com o padrão distorcido do egoísta. Ela tende a se relacionar com parceiros doadores demais e percebe que todos os seus relacionamentos se tornam problemáticos e conflituosos em determinado momento, terminando de forma traumática. Ela acha que as pessoas e os relacionamentos são muito difíceis e vive se queixando. Um dos grandes conflitos em seus relacionamentos surge de sua atitude de achar que pode ver os amigos sempre que quiser, mantendo sua vida social, mas que o parceiro, ao contrário, não pode, afinal seus amigos são pessoas confiáveis, mas os do parceiro, não.

Aos poucos ela vai percebendo que sua atitude não está equilibrada e começa a se trabalhar para equilibrar sua energia de doação. Começa a perceber por exemplo, que, se tem o direito de sair e o parceiro confia nela, ele também deve ter esse mesmo direito e esse voto de confiança. Como esse treino na energia de doação é algo novo para ela, ainda se pega tendo as mesmas atitudes egoístas de antes, mesmo após já ter se conscientizado e estar se esforçando para mudar. Ela ainda vivencia situações e relacionamentos parecidos com os anteriores e acha que seus esforços não estão funcionando, afinal tudo parece estar se repetindo.

Porém, ao analisar mais profundamente as situações, começa a perceber que suas atitudes estão levemente diferentes, e que as brigas e os conflitos no relacionamento não são mais tão dramáticos. Percebe que os términos são mais suaves e que consegue reconhecer os próprios padrões, assim como os do parceiro. Até que encontra uma pessoa legal e o seu relacionamento segue harmonioso. Ela se casa com esse parceiro e aprofunda o nível do relacionamento, sem mais aquelas dificuldades e conflitos intensos.

Em alguns momentos, percebe que aqueles velhos padrões do egoísta ainda se manifestam e que, mesmo que não se chateie mais quando o parceiro sai com os amigos, começa a impor proibições quando ele quer viajar sem sua companhia por um mês inteiro ou ir à festa de reencontro com a turma da faculdade, em que aquele antigo casinho dele vai estar. A pessoa esquece que ela mesma viajou por mais de um mês sozinha e foi a diversas festas em que seus ex-parceiros estavam presentes.

Perceba que o mesmo padrão é trabalhado como que em degraus, em níveis de aprofundamento. Antes o parceiro não podia nem sair com os amigos. Depois de trabalhado esse nível, falta aprofundar um pouco mais a confiança e a doação, para que o outro possa viajar sozinho e ir a festas em que reencontrará ex-parceiros. Pode ser que, depois de trabalhado esse nível, a pessoa passe a criar desculpas, como uma festa de família que vai acontecer no mesmo dia da tal festa de reencontro da faculdade. Ela terá de perceber a sutileza de que a questão não é a importância da festa de família, mas ainda seu antigo padrão que se disfarça de zelo familiar para se manifestar.

A cada passo da harmonização, precisamos estar com a percepção cada vez mais treinada e aguçada, para sermos capazes de perceber esses padrões nos níveis mais profundos e sutis. Isso pode parecer penoso a princípio, mas a cada passo o processo ficará mais leve, consciente e rápido. Tudo isso requer muita força e disposição, muito amor e paciência. Todo início exige mais esforço para vencermos a inércia, até criarmos um novo hábito, mais positivo. Mas, a cada distorção que positivamos, mais tranquilo vai ficando o processo

Somente fortalecendo nossa força de vontade e perseverança, conseguiremos tomar as rédeas de nossas energias e de nossa vida afetiva. A maior parte das atividades da vida exige disciplina: trabalhar, cuidar dos filhos, cuidar da casa, realizar um projeto. Se somos capazes de realizar tantas coisas no dia a dia, e até mesmo de aguentar tanta dor despertada pelo Eu Machucado, com certeza teremos força para positivar nossas energias negativas.

Nosso poder pessoal é a primeira energia-chave, ou seja, a qualidade essencial em nosso caminho de harmonização. Representa a força que nos faz ficar firmes em nós mesmos, e torna-se ainda mais imprescindível quando lidamos com o meio e com as pessoas à nossa volta. A maneira como o mundo funciona, de modo geral, não nos ajuda a curar nossos vícios sutis. O fato de a maioria das pessoas não perceber que age movida pelo Eu Machucado faz com que o ambiente lá fora alimente nosso Eu Machucado, ao invés de ajudar a curá-lo. Por isso é preciso atenção constante e força de vontade, para de alguma forma fazer esse movimento, que é saudável nos níveis sutis, mas vai contra a maré do mundo externo.

*Armadilha nº 2: Por que o mundo lá fora não me ajuda a mudar?*

Existe em nós um mecanismo positivo que utiliza a dor e os eventos desagradáveis para nos ajudar a evoluir. Vimos nos primeiros capítulos que, à medida que alcançamos um aprendizado, ele é guardado dentro de nós como uma memória, para que em uma próxima oportunidade façamos nossas escolhas de modo mais experiente. No entanto, muitas vezes acabamos tornando esse mecanismo positivo em algo destrutivo. Ficamos com medo de enfrentar a verdade e a dor dos aprendizados e escolhemos fugir ou negá-los. Por isso, no lugar de memórias de aprendizado, guardamos memórias de dor, fuga e negação. Nas situações seguintes que acontecerem, são essas memórias que nos conduzirão em nossas escolhas. Isso vai gerando cada vez mais distorções em nosso conjunto energético, criando uma rede de memórias negativas que se manifestam no nível físico, na forma de pessoas e eventos negativos em nossa vida.

As memórias que orientam nossas escolhas ficam sedimentadas nessas formas distorcidas e negativas, criando experiências da mesma qualidade. Agora imagine sete bilhões de pessoas fazendo isso ao mesmo tempo. As experiências e memórias no âmbito coletivo, em nosso planeta, atualmente também se encontram muito distorcidas. A maioria das pessoas hoje tem um conjunto energético negativado, por isso ainda vivemos em um mundo predominantemente desarmônico. Nossa norma de comportamento – as atitudes consideradas "normais" diante de um problema – é reclamar e fugir da responsabilidade sobre a situação, ou julgar, achar culpados e promover punição.

Perceba como, em qualquer conversa, sempre há um momento em que alguém começa a reclamar ou a se lamentar, buscando um culpado para seu mal-estar. Se terminamos um relacionamento, por exemplo, é bem provável que alguém diga: "Ah, vamos sair para beber, esqueça isso..." ou "Aquela pessoa não merecia você, olha só as atitudes dela...", sem buscar a oportunidade de aprender a lição que a situação traz.

Quando buscamos perceber a verdade em nossos relacionamentos, algumas pessoas podem nos dizer que estamos procurando problemas onde não há; que, se as coisas estão boas, é melhor deixar tudo como está. Existem muitas pessoas já trilhando seus caminhos de harmonização e que já enxergam a vida de outro modo, porém ainda são minoria. Assim, enfrentar o senso comum e buscar a verdade pode ser visto por muitos como uma afronta, maluquice ou algo desnecessário.

O senso comum nos leva a acreditar que fugir do problema ou ignorá-lo é suficiente para resolvê-lo, pois isso faz cessar o mal-estar de forma mais imediata. Porém muitas pessoas não percebem, ou preferem não enxergar, que isso é uma ilusão e que o problema não está resolvido. E pior, continua se agravando silenciosamente. Quando nos colocamos na zona de conforto e preferimos deixar de lado nossa verdade, podemos realmente viver achando que estamos bem. Mas tornamos nossas energias distorcidas algo como uma bomba-relógio, que em algum momento explodirá, só não sabemos quando. É isso que causa tanto medo e ansiedade em algumas pessoas, pois inconscientemente elas sabem que em algum momento perderão o aparente controle que têm sobre a vida. Ainda que de modo inconsciente, sentem que estão construindo uma situação de perda de controle, ao fugir de lidar e trabalhar com seus níveis sutis. O comportamento de fuga da verdade pode levar à depressão e a outras distorções, como síndrome do pânico.

Grande parte do medo e da ansiedade que sentimos é justamente porque, por mais que criemos as desculpas mais plausíveis para nossas fugas, em nosso íntimo sabemos que estamos nos enganando, alimentando essa bomba-relógio de distorções. Começamos a criar nas pessoas e nos eventos externos bodes expiatórios para o medo e a ansiedade que sentimos, mas é a negligência com nossos níveis sutis que realmente causa esses sentimentos.

Imagine uma pessoa que se relaciona com um parceiro de perfil infiel. Ela sabe dessa tendência do parceiro, mas mesmo assim resolve se casar com ele. Acredita que com o tempo as coisas vão melhorar e confia nas palavras do parceiro, que diz que vai mudar. O casamento é permeado de ciúmes, angústia e ansiedade. Ela vive criando meios e situações para manter controle sobre o parceiro. Briga porque ele não ajuda em casa, mas na realidade gostaria que ele ficasse mais tempo em casa e assim tivesse menos oportunidades para traí-la. Reclama que ele não reconhece seus esforços, mas na verdade se sente inferior e insegura. Vê fracassarem suas tentativas de segurar o parceiro. Descobre que seu par mais uma vez a traiu e acaba se separando.

A longo prazo, caso não resolva sua tendência de fechar os olhos para o Eu Machucado do outro e não dissolva a ilusão de que pode ter controle sobre o parceiro, essa pessoa poderá atrair outro parceiro infiel, sem nem mesmo imaginar que isso está sendo causado pelo mesmo desequilíbrio que provocou a traição anterior. Enfrentar a dor pode implicar mais dor em um primeiro momento, mas traz liberdade e leveza mais à frente.

Uma pergunta com a qual nos confrontaremos muitas vezes é: "Estou sentindo algo desagradável. Como saber se isso é um mal-estar de cura dos machucados sutis ou um sinal de que o desequilíbrio está aumentando?" Muitas vezes, não há como saber imediatamente. Precisamos desenvolver aos poucos esse discernimento, à medida que nos permitirmos experimentar e nos observar, como um médico deixa o paciente em observação para chegar ao diagnóstico. Uma dica é prestar atenção e procurar identificar, da maneira mais pura e sincera – fechando os olhos e deixando os sentimentos virem à tona de forma natural –, a sensação de peso ou de paz que as situações lhe trazem.

Outro modo de ter mais pistas é perceber o que a atitude ou a situação que está causando dor está alimentando. Se o que está causando sofrimento é a falta de um parceiro, por exemplo, isso alimenta seu medo de ficar só, a crença de que é difícil encontrar alguém, sua infelicidade, ou nutre a real intenção de aprender a se amar primeiro, de aprender a ficar bem sozinho e a buscar sua felicidade?

Mais uma vez, o mais importante não é nossa atitude no nível físico, mas a intenção que colocamos por trás dela. Muita atenção sutil é necessária para realmente perceber se o bem-estar que sentimos vem da plenitude da verdade ou de um vício do Eu Machucado sendo atendido – e se o mal-estar provém da desintoxicação das energias negativas ou da distorção extrema delas.

Ao interagir com o mundo externo, precisamos ter muito cuidado ao selecionar as energias que queremos para nós. Devemos estar conscientes de quais "verdades" escolhemos para nossa vida. As outras pessoas, por mais bem-intencionadas que sejam, não podem escolher por nós. O conjunto energético delas é diferente do nosso, as lições e os aprendizados também. Portanto o que é bom para os outros não necessariamente será para nós. Eles podem ter a melhor das intenções quando tentam nos convencer de que suas crenças são as melhores e quando nos dão conselhos, mas cabe a nós decidir como queremos deixar os outros nos influenciarem. Usaremos de forma passiva as crenças de outrem, por omissão ou preguiça de procurar as nossas?

Nosso corpo físico é um reflexo do alimento que ingerimos e da maneira como cuidamos dele. O mesmo se aplica a nossos corpos sutis. Um grande cuidado que devemos ter é com a qualidade da informação com a qual escolhemos estar envolvidos. A mídia hoje não nos traz somente informações e notícias, mas toda uma qualidade sutil que absorvemos passivamente, na maioria das vezes sem nenhum cuidado consciente. As redes de relacionamento, por exemplo, carregam toda uma intenção de autoafirmação, pois, ainda que muitos queiram apenas compartilhar sua vida com os amigos, outros tentam impressionar e buscar o reconhecimento das pessoas, para assim se sentir mais orgulhosos de si. Entre quem visita os perfis, há aqueles que realmente acessam o conteúdo de seus amigos ou de pessoas sobre quem desejam saber mais, porém muitas vezes a intenção é quase tomar conta da vida do outro. Ainda que digamos que, se o outro tornou públicas tais informações, não há problemas em olhar, qual é nossa intenção ao visitarmos o perfil alheio? Compartilhar a vida ou bisbilhotar? Essa diferença é muito sutil. Porém, como hoje a internet de modo geral está muito inserida no contexto das relações afetivas, cabe ressaltar a importância de estarmos atentos à nossa intenção ao utilizá-la, sobretudo em se tratando de *sites* e redes de relacionamento. Esses instrumentos são fantásticos, mas acabam "contaminados" pela qualidade da intenção que temos ao utilizá-los. Acreditamos que precisamos das informações disponibilizadas na internet, mas será que essa necessidade é assim tão grande? Que tipo de alimentos estamos dando a nossos corpos emocional e mental? Que qualidade de ideias, pensamentos e emoções as informações e os assuntos veiculados na mídia, incluindo a internet, nos geram de modo geral?

Infelizmente, no mundo de hoje, a maior parte das pessoas vive a partir do Eu Machucado. É justamente por isso que presenciamos tantos desequilíbrios, em todos os aspectos. À medida que vamos nos libertando das ilusões e harmonizando nossas distorções, vamos nos desligando das energias da consciência predominante de massa. Isso pode nos levar a nos chocar com as pessoas que permanecem nas crenças comuns, e algumas delas podem até mesmo se zangar e nos criticar. Estamos todos sempre interagindo, e os que estão à nossa volta se acostumam com nossa maneira de ser, com as energias que emanamos. Especialmente se convivemos com pessoas que se enquadram nos padrões predominantes de massa, que se sentem bem quando são validadas pelos outros.

Quando resolvemos mudar, aqueles à nossa volta estranham. Se éramos doadores demais, por exemplo, aqueles que se beneficiavam disso podem reclamar. Se escolhemos permanecer solteiros por mais tempo, preparando-nos individualmente para viver relacionamentos mais saudáveis, as pessoas à nossa volta podem começar a nos cobrar uma postura "normal" e a nos criticar. Elas tendem a estranhar e a julgar, pois esse é o comportamento comum. Precisamos estar preparados para as reações do Eu Machucado das outras pessoas quando trabalhamos nossa harmonização, pois alguns respondem com deboche, tentam nos desestabilizar com críticas cruéis ou agressivas e podem até se afastar de nós. Mais uma vez, devemos nos perguntar: Diante disso, o que é mais importante: o caminho do amor e da verdade ou a aceitação ilusória pelo Eu Machucado dos outros?

Nesse processo, gradualmente começamos a enxergar mais coisas do que as outras pessoas, afinal estamos trabalhando nossa percepção para distinguir os aspectos mais sutis de nós mesmos e de nossas interações. Em nossos relacionamentos, isso é particularmente importante, pois não podemos cobrar do parceiro que ele enxergue as situações como nós. Precisamos respeitá-lo, mas também nos fazer ser respeitados.

Se amamos uma pessoa que está no senso comum da massa e percebemos que ela não quer se harmonizar, é comum nos perguntarmos o que fazer para ela mudar também. Quando mudamos nossos padrões sutis, a tendência é que nossos padrões de interação também se modifiquem, mas isso não garante que a outra pessoa vá seguir o caminho da harmonização. Seguir em direção à nossa verdade é acima de tudo uma escolha individual, na busca de nosso bem-estar incondicional.

Quando enfrentamos muita resistência por parte dos outros ou de nosso parceiro, é interessante refletirmos profundamente sobre nossas próprias resistências, porque, antes de se manifestarem lá fora, elas existem dentro de nós, na forma de padrões distorcidos, como medos, e por isso se "engancham" na resistência dos outros. Quando não estamos firmes em nosso objetivo, a insegurança serve de brecha para as energias distorcidas dos outros. Como teste, somos levados a confrontos para nos fortalecer e acabar com nossas dúvidas e inseguranças.

Se alguém quer criar um relacionamentos mais saudável e começa a trabalhar seu padrão de doador demais e a ser mais firme com o parceiro, deixando claro quais são seus limites, mas internamente o medo de perder o parceiro é muito grande, é bem provável que essa pessoa enfrente grande resistência do parceiro e tenha de escolher entre continuar o trabalho de harmonização ou ceder ao intenso medo e voltar a atender às expectativas do Eu Machucado do parceiro. É como se essas situações nos perguntassem: "E aí, você está firme mesmo em sua decisão? Sua escolha pela verdade está feita?" Esse exercício de saber lidar com as pessoas à nossa volta mais uma vez nos exige paciência, perseverança e muito amor-próprio, pois só assim seremos capazes de não nos deixar afetar e não nos acoplar às energias negativas externas.

Uma crença que o senso comum muitas vezes carrega é a de que o sofrimento nos faz mais ou menos merecedores. Muitas pessoas acham que o fato de terem passado por inúmeras experiências afetivas dolorosas aumenta seu merecimento de viver o amor. Ou que, ao contrário, estão condenadas a sofrer para sempre. O nível de sofrimento não está de maneira nenhuma relacionado ao nível de merecimento. O fato de alguém já ter passado por mais sofrimento indica que está em um caminho de aprendizado de energias muito distorcidas, apenas isso. Uma pessoa que não sofre tem o mesmo merecimento de quem sofre, pois o sofrimento é inerente ao ser humano e está relacionado a quanto precisamos nos equilibrar.

Não existem punições, mas lições e harmonizações a ser aprendidas e realizadas. A quantidade de sofrimento para alcançar nossos objetivos é uma escolha, não um pré-requisito. Tudo depende dos desafios de cada um e da maneira como cada um escolhe, consciente ou inconscientemente, passar e realizar seu aprendizado. Quando alguém passa por muitos traumas afetivos, nosso sentimento automático é de certa forma achar que ele merece ser feliz. Claro que podemos nos solidarizar e ter compaixão pela pessoa, mas o que efetivamente vai fazê-la merecedora de um amor verdadeiro é sua disposição, a abertura para o trabalho de autoconhecimento e a busca pela verdade.

É preciso muito esforço e atenção para não nos deixar levar pelas armadilhas internas e externas do Eu Machucado. Mas como nos manter firmes diante de tantas dificuldades? É possível ter um porto seguro que nos acolha, ao qual possamos recorrer nesse caminho cheio de desafios?

*Estratégia nº 2: Exercite o amor por si mesmo e foque em sua verdade*

Diante dos desafios, podemos começar a nos sentir inseguros. Afinal, além de termos que ficar atentos a tantas coisas às quais ainda não estamos acostumados nos níveis sutis, as pessoas e o ambiente à nossa volta não contribuem para nosso processo de harmonização. Por isso, é essencial ter o norte de nossas decisões bem firme: amor e verdade.

Nossa vida é feita de escolhas dentro de escolhas: cada decisão que tomamos nos leva a mais uma. Portanto, se tivermos a escolha mais básica bem definida, ou seja, a qualidade da energia que motiva e norteia todas as nossas ações, pensamentos e sentimentos, facilitaremos todas as outras escolhas em nossa vida. Se soubermos para onde estamos indo, não importa se nos perdermos. Por mais que nos desviemos e caiamos, saberemos levantar e nos voltar em direção ao nosso norte.

Para entender melhor essa estratégia, vamos voltar à história de Ana Carolina, que abriu este livro. Lembra-se dela, cujo casamento, que parecia perfeito, chegou ao fim, surpreendendo todos os amigos e familiares? Vamos entender o que se passou antes da separação.

*Ana Carolina passou oito anos de seu casamento tentando engravidar. Ainda que não apresentasse nenhum problema que a impedisse de gerar um filho, precisou se submeter a um tratamento e passou um ano inteiro de sua vida em função disso. Ana Carolina passou por três fertilizações. O resultado negativo da primeira mexeu muito com ela. Por mais que quisesse ser "pé no chão", sentia-se grávida de trigêmeos – fosse pelo inchaço por conta dos hormônios, fosse pelo emocional. Orientada pelo médico, emendou a segunda tentativa e procurou ser menos ansiosa dessa vez. Quatro embriões fertilizados e outra chance de ser mãe. Negativo novamente. Ela tentou pela última vez. Mais três embriões... e um total de dez filhos que nunca vingaram. Durante todo esse período, ela rezava pedindo que o melhor acontecesse, que passasse por essa experiência com dignidade e o máximo de tranquilidade possível, sem se frustrar ou se revoltar. Depois das três tentativas de inseminação, Ana Carolina não engravidou, e o médico sugeriu que ela e o marido adotassem uma criança.*

Passar por essa situação de forma serena, mesmo sem ter chegado ao resultado que desejava naquele momento, foi um grande desafio para alguém como Ana Carolina, que sempre se esforçou para que tudo em sua vida fosse muito bem planejado e definido. Ela soube colocar o foco no que chamou de "o melhor", o que representa aqui sua verdade. Mais importante do que a realização de seu desejo era passar pela experiência com serenidade, para assimilar os aprendizados trazidos. Perceba que Ana Carolina tentava engravidar porque acreditava que essa seria a opção mais compatível com sua verdade naquele momento, mas os acontecimentos da vida de alguma forma demonstravam que não. Ainda que tenha sido difícil – afinal ela não entendia o motivo de não conseguir engravidar –, Ana Carolina manteve-se firme em sua escolha pelo melhor resultado.

Assim é o caminho de harmonização: perceber nossas opções, escolher aquilo que parece o melhor, arriscar e apostar em tal escolha, percebendo pelos resultados se ela corresponde a nossa verdade ou não, para assim fazer nossas próximas escolhas, corrigindo o rumo se preciso. Precisamos ter humildade para compreender e aceitar qualquer resultado, assim como Ana Carolina. Afinal, nessa caminhada, não existem resultados garantidos, apenas a certeza de nossa escolha pelo melhor.

Tendemos a escolher aquilo que nos parece mais seguro. Tentamos congelar e perpetuar os bons momentos – como a paixão ou os momentos de harmonia no relacionamento – para viver em bem-estar e conforto permanentes. Mas essa é uma situação artificial. Não podemos, por exemplo, congelar a estação do ano e ficar sempre na primavera, pois tudo na vida tem sua dinâmica e seus ciclos. Não podemos manter ao longo da relação o sentimento de paixão inicial. Lutar contra as mudanças e os ciclos é algo típico do Eu Machucado, em sua necessidade de controle e segurança. Gastamos muita energia criando e tentando manter zonas de conforto em nossa vida, nos tolhendo de novas experiências e aprendizados, com medo de enfrentar o novo, de errar, de sermos rejeitados.

Lutamos contra a realidade da constante mudança e tentamos detê-la a qualquer custo. É como se quiséssemos segurar a água de uma represa inteira com os braços. Não há como aguentar por muito tempo, não podemos bloquear o fluxo da vida. E, se tentarmos, seremos engolidos por ele. Podemos, ao contrário, aprender a fluir com a vida, colocando nosso porto seguro na única coisa que pode realmente nos dar segurança: a verdade. Uma vez que aprendermos a lidar com as constantes mudanças da vida, ao invés de procurar zonas de conforto, passaremos a evitá-las. Isso é liberdade e leveza.

Estamos permanentemente refazendo nossas escolhas, por medo ou por amor, em níveis cada vez mais profundos. Como ainda estamos engatinhando nesse caminho, muitas vezes faremos escolhas achando que elas nos levarão na direção da verdade, quando na realidade elas podem nos levar justamente para a direção contrária, ao medo. Isso é o que geralmente chamamos de "erros", ou algo que "dá errado". Mas, como já aprendemos, essas são valiosas oportunidades de nos harmonizar e nos conhecer.

É preciso atenção constante, pois estamos o tempo todo sendo bombardeados e tentados por distrações que nos tiram do rumo. Podemos, por exemplo, sofrer pressão das outras pessoas para agir de maneira "normal", ou confundir o caminho com o destino e nos focar nas consequências em detrimento das causas: tendemos a tomar como norte os relacionamentos afetivos, os parceiros ou mesmo o trabalho, os filhos, as compras, as drogas ou qualquer outra coisa que possa existir no mundo físico, em vez de nossa verdade. Tudo que acontece na vida nos serve de caminho para a harmonia. Todas as nossas relações, atividades, situações de vida nos ajudam a perceber como estamos em nosso caminho de harmonização.

Nosso objetivo é sermos felizes e plenos. O parceiro, a família, o trabalho apenas nos trazem mais alegria nesse caminho e nos sinalizam como estamos conduzindo nossa conexão com a felicidade que já existe dentro de nós. Não são eles que nos fazem felizes, apenas nos mostram como estamos dentro de nós. Se não soubermos fazer essa distinção, poderemos começar a acreditar que a felicidade é condicionada ao externo, em vez de entender que o que está lá fora só nos ajuda a sintonizar a felicidade que já existe em nós, mas que temos dificuldade de acessar por causa de nossos machucados sutis. O norte do amor e da verdade está sempre dentro de nós, e não fora. Quando julgamos as coisas que estão fora de nós como mais importantes, colocamos nosso norte no medo. Quando colocamos nosso referencial no externo, criamos ilusões e expectativas e, quando elas não se sustentam, nos sentimos sem chão, perdemos a direção. Diante disso, podemos nos perguntar: Mas como me certificar de que minhas escolhas estão sendo motivadas pela verdade e não pela ilusão?

As sutilezas do Eu Machucado podem até nos enganar, nos colocando na direção do medo e da ilusão, mas a qualidade das situações em nossa vida sempre nos mostrará para qual direção nossas escolhas estão nos levando. Assim, não há por que ter medo de pegar a direção oposta sem querer, pois mais importante do que estar na direção certa é ter bem definido o sentido em que queremos ir – assim como Ana Carolina, que, independentemente do que decidisse ou da situação que enfrentasse, sempre se focou no melhor, na sua verdade.

Da mesma maneira que o vínculo afetivo é o que alimenta nossas forças para continuarmos tentando solucionar as dificuldades, o amor por nós mesmos é o que nos dá persistência para continuarmos em nosso caminho. Quando estamos nas "crises de abstinência" dos vícios de nosso Eu Machucado, com aqueles sentimentos de vazio e de estar sem chão, o que nos mantém em nossa busca, o que nos faz assumir nossa parcela de responsabilidade – mesmo quando a vontade é jogar a culpa no outro ou no mundo – é o amor-próprio. É o que nutre nossas forças para nos levantar e nos voltar novamente na direção da verdade, para seguir em frente, ainda que estejamos muito cansados e não aguentemos mais passar pelas mesmas situações. Mesmo quando não suportamos mais nossos sentimentos e parece que não temos mais forças, só conseguimos nos harmonizar se exercitarmos essa segunda energia-chave: o amor por nós mesmos.

Se quisermos ser realmente felizes no amor, devemos aceitar tudo que há de desagradável dentro e fora de nós – sem medo, culpa ou vergonha – e nos perdoar com muito amor e paciência, mantendo o foco na verdade. Afinal, somente quando aprendermos a honrar o compromisso conosco estaremos preparados para o compromisso com o outro.

Devemos confiar que, independentemente de estarmos ou não na direção que desejamos, damos nossos passos sabendo tirar os aprendizados e informações que eles nos fornecem, seja na forma de uma situação agradável ou não. Ana Carolina nos dá o exemplo de como é possível focar no melhor, mesmo quando ainda não era possível identificar seu aprendizado por trás das situações frustrantes que ela enfrentava.

### *Armadilha nº 3: E se eu começar a desanimar?*

Outra grande armadilha à qual estamos sujeitos nessa caminhada é comparar os resultados que queremos atingir com o estado em que nos encontramos no momento. Constatar uma enorme distância entre o ponto onde estamos e aquele aonde queremos chegar pode causar sentimentos de cansaço e impotência.

*Ana Carolina não só não engravidou como ainda teve de enfrentar outra situação desagradável. Na mesma época, as diferenças de personalidade e expectativas entre ela e o marido foram ficando cada vez mais evidentes. Os desentendimentos iam desde questões mais simples, como de que cor pintariam a parede da sala, até aquelas mais sérias, como adotar ou não uma criança. A falta de sintonia entre os dois chegou a tal ponto que, para surpresa dos pais e dos amigos, aquilo que era inimaginável aconteceu: o fim do casamento. Depois de um período ainda em dúvida se haviam feito a coisa certa, ficou claro para Ana e seu parceiro que não havia mais volta. Decidida a separação, sem chance de reconciliação, Ana Carolina seguiu em frente. Pouco tempo depois, reencontrou um antigo amigo de colégio e começaram a namorar. A relação se solidificou muito rapidamente, e em sete meses já estavam morando juntos.*

A falta de paciência e de amor-próprio pode nos levar a desrespeitar os passos de nosso caminho, que podem ser bem lentos às vezes, criando imediatismo e perda da percepção sobre o que estamos fazendo conosco. Ainda que tenha ficado muito decepcionada e frustrada com o fim de seu casamento, Ana Carolina não se deixou tomar por sentimentos negativos, como fracasso ou medo. Não ficou pensando que estava ainda mais longe do sonho de ter um companheiro e de ser mãe. Simplesmente seguiu em frente, focada no melhor.

Sua atitude desapegada e focada na verdade favoreceu o rápido surgimento de um novo amor. Se estamos sós e ansiamos por um relacionamento, mas mesmo trabalhando nosso autoconhecimento a relação não acontece, começamos a questionar se estamos mesmo fazendo o melhor.

As pessoas podem nos criticar e dizer que a busca pela verdade não adianta nada e só dá mais trabalho. Alguns membros da família de Ana Carolina não aceitaram bem sua separação, o novo namoro e menos ainda o fato de o casal ter decidido morar junto tão rapidamente, ainda que ela mostrasse que essa era sua escolha. Apesar de entender os motivos da incompreensão dos familiares, Ana Carolina mais uma vez permaneceu firme no foco em sua felicidade e bancou sua escolha.

Lembrar que o caminho da harmonização é infinito e contínuo pode nos fazer olhar para nossa vida afetiva e pensar: *Estou muito longe da verdade, isso tudo é longo e penoso demais, não vou conseguir mudar...* Podemos nos assustar com a impressão de que tudo é muito pesado e que não teremos forças para seguir nesse caminho. Por outro lado, quando tomamos a resolução de não querer mais determinado padrão, vício mental ou emocional, podemos ficar tão obcecados em nos livrar logo dele que acabamos caindo no outro extremo: a rigidez e a ansiedade de alcançar logo nosso objetivo, o que nos leva de volta à energia distorcida. Muitas vezes oscilamos entre essas duas polaridades, a impotência/estagnação e a pressa/ansiedade, criando um círculo vicioso que novamente nos paralisa ou nos atrasa, pelo desgaste e o cansaço gerados.

Imagine se Ana Carolina olhasse para sua situação e pensasse: *Após dez anos de relacionamento, tentando tanto ser feliz e ter um filho, agora estou aqui, sem marido e sem filhos*, ou *Vou ter que recomeçar do zero, tudo de novo. Não sei se consigo, vai demorar muito. Será que ainda dá tempo de eu ter filhos? E se demorar para aparecer alguém?*, ou *Não é mesmo para eu ter filhos. Tentei tanto, foi tanta ansiedade para nada*. Ou se, por outro lado, ela caísse no extremo oposto: *Preciso encontrar logo outro companheiro e tentar logo ter filhos, senão pode não haver mais tempo*, ou *Nossa, como pude não ter percebido essas diferenças entre mim e meu ex-marido? Preciso encontrar logo outra pessoa para fazer tudo diferente e corrigir meus padrões, pois não quero mais ser assim!*

É importante não cair nas energias de ansiedade e pressa. Alimentar a decepção ao escorregar em padrões do Eu Machucado, ou ao nos repetir em um suposto erro, é distorcer ainda mais nossa energia. É fácil se desanimar diante de mais um pretendente que some ou de mais uma briga com o parceiro. Mas, se nos deixarmos levar pelos sentimentos condicionados, pelos nossos padrões, tenderemos a nos reprimir, a nos punir e a nos menosprezar, justamente no momento em que mais precisamos de amor-próprio. Tratar a nós mesmos com amor não quer dizer que devemos ser condescendentes com nosso Eu Machucado e com nossos equívocos. Isso significa que, diante do sumiço do pretendente ou da briga com o parceiro, não devemos colocar toda a culpa no outro para nos sentir bem, e sim reconhecer nossa parcela de responsabilidade, nos aceitar, nos confortar e ter persistência para continuar. Temos muito medo de errar, mas o pior que pode acontecer em qualquer situação não é errar, e sim negar o erro, ou condená-lo e julgá-lo.

Precisamos aceitar que a "desintoxicação" de energias distorcidas é um processo, em que cada um deve encontrar seu ritmo e seus limites, para assim respeitá-los. Imagine que somos dependentes químicos em processo de reabilitação. Quando o vício é muito intenso, o corpo físico passa a depender da substância, e retirá-la de uma vez pode até causar um colapso. A retirada abrupta da substância tóxica pode agravar a situação, ao invés de ajudar. Por isso, devemos ter paciência e aceitar que, enquanto estivermos nos desintoxicando, ainda somos dependentes. Mas também é preciso lembrar que estamos no caminho de nos libertar, portanto devemos respeitar nosso momento e nos manter firmes no objetivo de curar nossa dependência. Com os vícios sutis, o mesmo cuidado é necessário. Certos desequilíbrios ficam tão arraigados em nossos corpos sutis que sua harmonização se torna um processo mais demorado, nos exigindo ainda mais amor e paciência em relação a nós mesmos.

É legal avaliar o ponto onde estamos em relação àquele aonde queremos chegar, mas somente como parâmetro para aperfeiçoar nossas estratégias. Se ficarmos abatidos ao ver quanto nos falta caminhar, estaremos novamente na resistência à realidade. Ficaremos como crianças que, viajando com os pais, perguntam a cada dois minutos: "Falta muito? Já chegou?"

Mas então como fazer para nos manter estimulados? Como conservar a paciência e não nos cansar?

*Estratégia nº 3: Exercite a motivação para se manter no caminho da harmonização*

O conceito de empreendedorismo, muito utilizado na área de negócios, pode ser aplicado também à nossa vida pessoal. Segundo Idalberto Chiavenato, no livro *Empreendedorismo: dando asas ao espírito empreendedor*, um empreendedor demonstra perseverança, aspecto que o habilita a transformar uma ideia simples em algo concreto e bem-sucedido. Empreendedores não desanimam diante dos fracassos, perseveram até alcançar seus objetivos. Podemos nos transformar em empreendedores do amor.

Precisamos ser muito fortes para resistir a todas as dificuldades e nos manter firmes no caminho da verdade. É com força de vontade que atingimos a disciplina e a ação. Porém não basta ter apenas força interna para trilhar o caminho da harmonização. Afinal, se formos impulsionados apenas pela energia da força, correremos o risco de nos cobrar demais, exigindo exageradamente de nós e gerando brechas para a culpa. Por isso, o amor é essencial. Ele nos faz voltar nosso foco para a verdade, nos permitindo trabalhar o perdão e nos acolher nos momentos em que escorregamos.

Como o caminho consiste em escorregar, aprender e levantar, precisaremos dessa qualidade para não tornar o processo muito duro e não deixar que o Eu Machucado abale nossa autoestima diante de nossos supostos erros. O amor nos dá esperança e complementa a força, conferindo a ela suavidade e afetuosidade. Ainda assim, se tivermos apenas força e amor, a vigilância constante, a disciplina contínua e o grande número de aspectos aos quais devemos estar sempre atentos podem nos dar a impressão de que nossa caminhada é penosa ou monótona. Portanto, a terceira energia-chave é a alegria. Essa qualidade é imprescindível em nosso caminho, pois o torna mais estimulante e leve. Ela permite que nos livremos do sentimento de peso e cansaço que pode nos acometer. Um hábito que ajuda a manter a alegria é nos focar sempre no lado positivo das situações, assim como no sentimento de gratidão pela consciência e pela oportunidade que vivenciamos. Esses sentimentos podem ser treinados dentro de nós – podemos exercitar e fortalecer os "músculos" da alegria e da gratidão.

Ao buscar a positividade, devemos tomar cuidado para não cair em outra distorção sutil. Muito se fala em otimismo, pensamento positivo e visualizações positivas, mas vale redobrar a atenção com algumas sutilezas relacionadas a essa questão. Quando queremos interromper e mudar um padrão, um vício emocional ou mental, a positividade é imprescindível. Porém muitas vezes nos confundimos e, ao tentar agir de forma otimista, negamos, omitimos ou fugimos do lado negativo da situação. Assim, nos iludimos ao nos apegar somente àquilo que consideramos positivo. Para sermos verdadeiramente otimistas, é preciso primeiro já termos enxergado e aceitado o lado negativo, para então focarmos no positivo.

Veja o exemplo de Ana Carolina: apesar de desejar muito engravidar e torcer para isso, ela nunca deixou de aceitar a possibilidade de não atingir seu objetivo. Sua postura interna nunca foi negar ou fugir da possibilidade oposta ao seu desejo. Ela tinha até mesmo a ideia de adotar uma criança caso não engravidasse.

A atitude otimista é a escolha de se focar no positivo, mesmo diante daquilo que é desagradável. Quando apelamos ao falso otimismo pela dificuldade de encarar e aceitar aspectos negativos, sejam os nossos ou os do parceiro, caímos novamente na ilusão do Eu Machucado, que nos faz acreditar que estamos no caminho do otimismo e da verdade, quando na realidade estamos nos enganando. Se Ana Carolina estivesse pensando positivamente e visualizando sua gravidez apegada a esses resultados, sua frustração seria muito mais intensa e dramática.

Até mesmo a aceitação de nosso Eu Machucado, quando descobrimos que ele está nos ludibriando dessa maneira ou através de qualquer outro mecanismo de autossabotagem, se torna um exercício de amor-próprio e de aceitação dentro desse contexto. Caso Ana tivesse caído na armadilha de se apegar aos resultados, poderia enxergar como havia se deixado levar pelo medo do Eu Machucado de encarar a possibilidade de outros resultados que não o desejado e, uma vez que tivesse assumido e aceitado suas escolhas equivocadas, poderia acolher a si mesma diante da grande frustração.

Por diversas vezes atendi pessoas que resistiam a abrir mão da tendência de enxergar somente o lado bom das situações e das pessoas, negando o Eu Machucado do outro e o seu próprio. Enxergavam e lidavam com os outros somente considerando o lado positivo de cada um, mesmo quando eles lhe respondiam com seu Eu Machucado. É claro que é construtivo nos focar nas qualidades do outro, mas, ao negar o Eu Machucado dele, estamos agindo a partir de nosso próprio Eu Machucado e alimentando ambos.

Imagine uma pessoa que sempre se dirige ao parceiro de maneira doce, esperando que ele responda de modo também agradável, mas ele sempre responde de forma indiferente ou agressiva. Ela diz que o parceiro é assim mesmo, que ele tem uma vida difícil e por isso age dessa maneira. Mas, mesmo quando ela mesma usa esse argumento para o outro, ressente-se e fica triste com a atitude do parceiro. Ela não consegue nem cogitar a ideia de enfrentar o parceiro e questioná-lo, pois teria de lidar com a reação dele, ou seja, teria de enfrentar o medo de seu Eu Machucado, assim como do Eu Machucado do outro. Portanto, prefere continuar acreditando que, se agir sempre de forma delicada, um dia o parceiro vai mudar, e chama isso de otimismo.

Se ela não ficasse triste e ressentida com o parceiro, não haveria distorção. Porém, se ela fica chateada e deixa isso passar como uma fuga do enfrentamento da situação, na realidade dos Eus Machucados isso não é otimismo. É a negação de encarar a situação como ela é e a fuga do Eu Machucado. Desse modo, as ilusões e as distorções continuam a se agravar.

Assim como abrir mão da ilusão do conceito de amor dói e gera medo do vazio, algumas pessoas têm medo de não aguentar a negatividade, como se enxergar e aceitar as energias negativas dentro de si e dos outros representasse uma derrota, um peso que não são capazes de suportar. Alegam que o mundo já é negativo demais e que há maldade em excesso lá fora, por isso preferem enxergar somente o positivo. O Eu Machucado cria o medo de encarar e aceitar as distorções em si e no outro.

Se um copo está cheio até a metade, podemos nos focar no fato de ele já estar meio cheio ou de ainda estar meio vazio. É uma questão de escolha. Porém não dá para afirmar que o copo está todo cheio, pois isso não seria otimismo, e sim ilusão. Se buscamos a verdade, devemos nos esforçar para enxergar e perceber aquilo que realmente é, e escolher enfrentar positivamente a realidade, seja ela condizente com nossos desejos ou não, como o melhor para nós naquele momento.

### Aliando as três qualidades-chave

Falamos das três energias-chave para trilhar o caminho da harmonização: força, amor e alegria. Observando essas qualidades e buscando o equilíbrio entre elas, conseguiremos conduzir cada experiência de maneira mais consciente e suave em nosso caminho de harmonização.

Imagine que você é um carro seguindo pela estrada rumo à verdade. A força representaria a energia de impulso e aceleração; o amor seria aquele que dirige suavemente o carro, sem correr demais ou de menos, dando a qualidade agradável e confortável na condução do veículo. Já a alegria seria a música animada, uma comida gostosa, uma companhia agradável, enfim, tudo que o incentive, criando um clima mais estimulante. Ao equilibrar essas energias, ficamos mais fortalecidos para enfrentar os desafios e as dificuldades em nosso caminho, inclusive os obstáculos e as resistências oferecidos pelo mundo externo.

Outra maneira de perceber essas qualidades dentro de nós é imaginar a força como a energia do pai, o amor como a energia da mãe e a alegria como a energia do filho/criança. Tendemos a vivenciar internamente essas qualidades seguindo os padrões de nosso pai e nossa mãe externos, e a conduzir nossa criança interior da maneira como nossos pais nos educaram. Cada um tem seu pai, sua mãe e sua criança interiores, mas, de buscá-los verdadeiramente, tendemos a reproduzir os modelos externos. Muito de nosso sofrimento vem justamente da falta de compatibilidade entre os modelos interno e externo, e da maneira como forçamos nossa verdade interna a se enquadrar nos modelos externos que consideramos "certos" ou que temos gravados de modo tão intenso em nossas memórias inconscientes que não sabemos mais como deixar de reproduzi-los. Quando nos damos conta, percebemos que repetimos os comportamentos de nossa mãe, de nosso pai e da criança que fomos quando criados por eles. Tendemos até a atrair parceiros com perfil parecido com o de nossos pais.

Na busca por nossa verdade interior, podemos quebrar esses padrões externos e trabalhar para descobrir nossa própria identidade. Se estivermos vivenciando a decepção e a frustração de mais um sumiço de pretendente ou de mais uma briga com o parceiro, podemos nos perguntar como está nossa atitude em relação às três qualidades-chave. Será que estamos sendo firmes ao encarar as ilusões, amorosos ao aceitá-las e alegres ao lidar com a situação e com as mudança que desejamos realizar internamente, sem tornar tudo um peso ou um drama? Será que nos comunicamos com nosso parceiro de maneira firme, amorosa e bem-humorada? Estamos utilizando alguma dessas energias de forma exagerada ou insuficiente? Será que estamos presos aos padrões de nossos pais e criança exteriores? A figura a seguir mostra alguns dos possíveis padrões decorrentes das combinações entre essas qualidades, nos ajudando a perceber como elas podem nos influenciar.

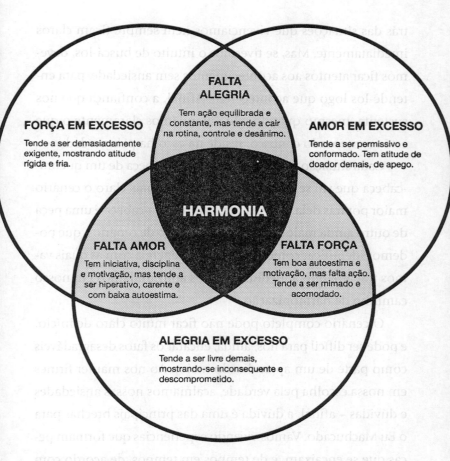

Interação das três energias-chave e seus possíveis desequilíbrios.

## Como se manter otimista mesmo sem compreender as situações da vida

Quando sofremos muito ao longo de nossas experiências, fica difícil aceitar que somos responsáveis por essas vivências. Ainda mais porque os aprendizados e as harmonizações por trás das situações que vivenciamos nem sempre ficam claros imediatamente. Mas, se tivermos o intuito de buscá-los, devemos ficar atentos aos acontecimentos sem ansiedade, para entendê-los logo que acontecerem. Afinal, a confiança que nos sustenta, mesmo quando não entendemos claramente o que está acontecendo conosco, reside na escolha pela verdade.

Cada situação em nossa vida é como a peça de um quebra-cabeça que vai se formando e deixando mais claro o cenário maior por trás dela. Por sua vez, esse quebra-cabeça é uma peça de outro ainda maior. São cenários dentro de cenários, que podemos identificar como "camadas" de energia com as quais vamos trabalhando à medida que nos aprofundamos em nosso caminho de harmonização.

O cenário completo pode não ficar muito claro de início, e pode ser difícil para nós, ainda, encarar os fatos desagradáveis como parte de um aprendizado maior. Ao nos manter firmes em nossa escolha pela verdade, acalmamos nossas ansiedades e dúvidas – afinal, a dúvida é uma das principais brechas para o Eu Machucado. Vamos vivendo experiências que formam peças que se encaixam, e de tempos em tempos, de acordo com nossa habilidade de perceber, vamos nos conscientizando sobre por que aquelas situações aparentemente sem sentido aconteceram de determinada maneira. Vamos começando a perceber e a entender a "lógica" da vida.

Nós não nos trabalhamos para ser melhores com o objetivo de merecer mais, ou para que assim a vida nos traga o que queremos. Isso seria uma motivação do Eu Machucado. Trabalhamos para harmonizar nosso Eu Machucado. Então, como consequência, a vida nos responde com situações mais equilibradas, que ainda assim podem não ser aquelas que gostaríamos, mas com certeza são as melhores possíveis naquele momento. Muitas vezes, só entendemos esse "melhor" depois, como aconteceu com Ana Carolina, que foi surpreendida por tantos acontecimentos inesperados no quebra-cabeça de sua vida.

*O namorado de Ana Carolina já tinha um filho de 6 anos do primeiro casamento quando eles resolveram morar juntos. Ela lhe contou toda a sua história e pediu que ele jamais a pressionasse para ter filhos. Disse que não tinha problemas físicos que a impedissem de engravidar, mas que, caso não acontecesse, ela procuraria dar ao enteado tudo que daria a um filho seu. E considerava ainda, mais uma vez, a possibilidade de adotar uma criança. Mas veio, então, a grande surpresa: Ana Carolina engravidou. A gravidez há tanto tempo desejada foi emocionante, e Ana Carolina fez questão de curtir cada segundo, cada mexida, cada chute do bebê.*

A única maneira de perceber e interpretar o grande quebra-cabeça da vida é deixar que ele se monte por si só, sem tentar encaixar as peças, mas observando atentamente enquanto elas se encaixam à medida que vivemos. É interessante notar que quando Ana Carolina terminou seu primeiro casamento, mudando aquele contexto sutil externo e interno, ela relaxou, se permitindo viver um novo relacionamento. Isso também ajudou na realização de outra mudança: a tão desejada gravidez.

É preciso abrir mão do controle para que o quebra-cabeça do caminho de harmonização possa se montar sozinho, e estarmos atentos para perceber esses significados.

## Atenção aos sinais: coincidências e sincronicidades

Durante nosso caminho, estaremos sempre nos deparando com as fronteiras que delimitam nossa verdade e nosso Eu Machucado. Vivenciaremos situações que refletem essas fronteiras, as quais vão se modificando à medida que nos transformamos. Às vezes esses limites ficam bem marcados e bruscos. Uma das maneiras em que isso se manifesta é quando a vida parece nos pregar peças.

Um exemplo disso são certas coincidências que parecem marcar algumas situações e relacionamentos com um selo especial. Pode ser uma data, pessoas em comum, a maneira como conhecemos o parceiro, uma circunstância inusitada. Muitas vezes, acreditamos que essas coincidências nos indicam que estamos no caminho certo. Mas, afinal, devemos ou não acreditar nas sincronicidades e nos sinais?

Creio que eles de fato sinalizam que estamos nos passos de nossa harmonização. Lembrando que interagimos com o meio à nossa volta a partir de nossos sentimentos e pensamentos, conscientes e inconscientes, esses sinais aparecem como respostas ao nosso conjunto energético. Porém as coincidências e circunstâncias especiais não significam necessariamente que vamos obter os resultados que desejamos.

As pessoas criam expectativas em torno dos sinais como se fossem um presságio de que tudo vai dar certo, ou seja, de que tudo vai se desenrolar da maneira como elas desejam. Entretanto, as sincronicidades e os sinais mostram que estamos na direção da verdade, ou seja, no caminho do aprendizado, o qual pode ser agradável ou não, dependendo do nosso conjunto energético naquele momento. Algumas pessoas ficam irritadas e revoltadas quando um relacionamento marcado por muitos desses sinais e coincidências se revela uma história aparentemente horrível. Mas, ainda que a situação pareça horrível, o sinal foi positivo, indicando que precisávamos daquele aprendizado.

*Depois que Ana Carolina engravidou, parecia que tudo só poderia correr bem dali em diante. Porém, após uma gravidez normal, sua filha nasceu antes do esperado, prematura. Depois de quatro dias, precisou ser levada à UTI neonatal com um caso sério de icterícia. Quando tudo parecia estar bem para que finalmente Ana Carolina levasse a filha para casa, a criança começou a apresentar um quadro de infecção. Após as piores suspeitas, confirmou-se pneumonia. Ana Carolina passou seu primeiro Natal e Ano-Novo na condição de mãe na UTI com sua filha.*

Os lindos sinais que a vida deu a Ana Carolina não garantiram que dali em diante tudo sairia como ela esperava. Porém, mais uma vez, como ela já havia desejado, aconteceria o melhor dentro de sua verdade e dos aprendizados necessários. Ana Carolina teve de enfrentar um dos maiores desafios e medos que poderia ter: ver a vida de sua tão esperada filha em risco. Como entender que o milagre se transforme em pesadelo tão rapidamente?

Um exemplo bem comum nos atendimentos que realizo é o caso de pessoas que surgem em nossa vida como em um conto de fadas – a pessoa é perfeita, o lugar é perfeito, o momento é perfeito, os detalhes, as coincidências, tudo parece indicar que agora é para valer, que encontramos a pessoa ideal. Nós nos apegamos a tudo isso, em um sentimento de euforia e até de certa obsessão para que tudo continue assim e que possamos finalmente viver um relacionamento de conto de fadas. Até que o sonho vira pesadelo, e a pessoa e as circunstâncias mostram que não eram tão perfeitas assim.

Quando carregamos conceitos de amor muito romantizados e idealizados, acabamos reproduzindo esse sonho na vida real. Mas, se ele for feito de ilusão, a situação criada na vida real também será ilusória. Mais uma vez ressalto: não existem garantias nos relacionamentos. Se ambos os parceiros estiverem mais harmonizados, tudo tende a se encaminhar de forma harmoniosa, pois ambos terão pureza de intenções.

Quanto mais harmonizados estivermos, menos expectativas teremos, mas, ainda que em menor intensidade e mais sutis, elas ainda existirão. Os desentendimentos e os atritos acontecerão, e o aprendizado continuará. Portanto os chamados sinais e sincronicidades não são garantia de que as coisas vão acontecer como queremos, mas de que estamos mais perto de alguma experiência na mesma sintonia que nossos corpos sutis, seja ela equilibrada ou desequilibrada.

### E então, qual a sua escolha?

Diante de tantas questões e aspectos que foram abordados, além das nossas experiências e do ambiente à nossa volta, somos levados a acreditar que a vida afetiva é complicada. Porém, ao tomar consciência da realidade sutil, percebemos que os relacionamentos em si não são complicados; somos nós que ainda não aprendemos a lidar com eles. Logo, o problema não é o casamento, o relacionamento ou a falta deles, mas a maneira superficial e limitada como vivenciamos cada uma dessas experiências. Queremos que nossa vida afetiva dê certo, mas muitas vezes não estamos dispostos a nos esforçar e a nos trabalhar quanto for preciso para que isso aconteça.

Como vimos, não há sorte ou milagre, mas o trabalho de autoconhecimento e de verdade. Se não estivermos bem quando sozinhos, provavelmente não viveremos um relacionamento saudável. Assim como, se estivermos em um relacionamento problemático, provavelmente não ficaremos bem pelo simples fato de terminar o relacionamento. Isso não quer dizer que, se vivemos um relacionamento problemático, devemos continuar nele. A questão é a maneira como cada um de nós vivencia sua vida amorosa. Nossa situação afetiva apenas reflete questões em que nossas distorções ficam mais ou menos aparentes.

Devemos ter a consciência de que terminar um relacionamento não equilibra automaticamente a energia distorcida dentro de nós, apenas afasta o estímulo que a estava tocando. Em alguns casos, a harmonização de nossas energias pode ser realizada até de forma mais eficiente dentro do relacionamento, pois o parceiro e as dificuldades da relação nos ajudam a perceber e a elucidar nossas distorções. Mas, quando a dor desse estímulo externo se torna tão intensa que não conseguimos trabalhar o equilíbrio dos padrões distorcidos, então realmente o afastamento desse estímulo, da pessoa com a qual nos relacionamos, pode ser necessário, para que tenhamos condições de proceder à harmonização.

Os mesmos princípios se aplicam quando estamos sós. Se não estamos bem sozinhos e acreditamos que precisamos de um par romântico para sermos felizes, significa que estamos carentes. Se não trabalhamos essa carência enquanto estamos sós, corremos o risco de iniciar um relacionamento com essa energia e atrair situações que serão consequência disso. Ainda que alcancemos nosso objetivo de ter um parceiro, a qualidade do relacionamento será afetada pela qualidade sutil que colocamos nele.

Muitas vezes, ficamos tão felizes e apegados ao fato de "ter" um relacionamento que esquecemos que estamos agindo a partir da carência e que o sentimento de incompletude continua dentro de nós. Pode ser que só tomemos consciência disso quando nos virmos sozinhos novamente, e a energia de carência estiver ainda mais distorcida. Ela pode se tornar tão intensa que até afaste possíveis pretendentes, os quais, ainda que inconscientemente, sentirão a carga dessa energia. A influência da carência pode ser percebida também no tipo de parceiro que atraímos. Portanto, em vez de gastar nossas energias nos lamentando ou ansiando por um relacionamento, que tal direcioná-las para nosso autoconhecimento?

Agora você já tem mais ferramentas para identificar seus padrões distorcidos, saber como aceitá-los e harmonizá-los. Já conhece também as possíveis armadilhas ao longo do caminho rumo à verdade. As experiências de Mara, Aline, Maria Izabel e Ana Carolina mostram que não existem fórmulas prontas para essa transformação. Cabe a cada um de nós buscar, construir e vivenciar seu próprio caminho de harmonização. Afinal, cada situação é única, e cada pessoa tem uma combinação individual em seu conjunto energético.

Ao concluir a leitura, você estará mais apto a enxergar a realidade sutil que antes passava despercebida, para assim aproveitar todas as oportunidades que a vida lhe oferece a cada instante. Que você possa seguir nessa contínua caminhada, utilizando toda sua força, amor e motivação pessoais para curar as feridas do seu Eu Machucado. Permita-se soltar as rédeas do controle e ser, cada dia mais, quem você realmente é. Acredite, vale a pena!

As histórias que você acompanhou ao longo deste livro não terminaram – elas continuam sendo escritas a cada nova escolha dessas quatro mulheres.

E você, está pronto para fazer suas escolhas e contar sua história?

*"Até me separar do meu primeiro marido, eu era uma pessoa que planejava a vida para cinco, dez anos à frente, e nada do que estava em meus planos aconteceu. Resolvi mudar a maneira de encarar a vida, tomei coragem para correr alguns riscos e tentar ser feliz. E, gente, cá entre nós, tem coisa mais arriscada do que se jogar à felicidade? O amor ensina, constrói, faz tudo valer a pena. Por isso, passei a ser alguém que vive o presente, o hoje, o agora. Até porque, se eu morrer amanhã, terei sido feliz para sempre."*

*Ana Carolina*

Gostaria de continuar o debate? Em www.personare.com.br/para-que-o-amor-aconteca, você encontra uma entrevista exclusiva com a terapeuta Ceci Akamatsu e pode enviar suas perguntas a ela no Fórum Personare.